看板マーケティング戦略

越智一治
OCHI KAZUHARU

幻冬舎 MC

看板マーケティング戦略

はじめに

「売上を伸ばしたい」「お客さんを増やしたい」「知名度を上げたい」――
このような課題を解決する手段の一つが広告です。

広告といえば、かつては新聞広告や折り込みチラシ、テレビCMなどのマス広告が主流でした。しかし、いまや30代以下のうち、新聞を購読している人は1割程度です。テレビも高齢者向けの媒体となりつつあり、30〜40代は6割、20代では半分の人しか見ていません。そのため、若い層に向けた宣伝効果は見込めず、マス広告の費用対効果も悪化しています。

そのようななか、近年普及しているのがインターネット上で展開するウェブ広告です。ウェブ広告は、リスティング広告やディスプレイ広告、バナー広告のほかにも、メルマガ配信やアフィリエイト記事などがあります。昨今はツイッターをはじめとするSNSやYouTubeなどを活用する広告も増えてきました。

しかし、これらの多様な手段を使いこなすには、経営者や店主自身がウェブマーケティングの知識を身につけることが必要です。専門的知識をもつ人に任せることもできますが、その際にはマーケティング担当者を採用したり、ウェブマーケティングに強い外部の会社に委託したりせねばなりません。導入時のみならず、ランニングコストも考慮すると多大な費用がかかります。

ピーター・ドラッカーは、マーケティングの理想は「販売を不要にすること」であると言いました。つまり、営業マンが売り込みに走り回らなくても、商品やサービスが「自ずから売れるようにすること」が究極のマーケティングだということです。

この「売り込まなくても自然に売れる状態」をつくり出すのが、実は昔から誰もが知っている看板です。

例えば、「ビール190円」「iPhone の新機種あります」などと書いた立て看板は、「安く飲みたい」「今すぐ欲しい」といったニーズをもった人たちを呼び込みます。風に揺れるのぼり旗や点滅するデジタル看板を使うことにより、店の前を素通りしていた人たちに店の存在を周知し、幅広く集客することも可能です。私の地元の札幌のように、各店舗が出すきらびやかな看板がススキノの雰囲気を醸成し、街全体として多くの人を呼び込んでいるケースもあります。いずれの場合も「来てください」「買ってください」といった売り込みは不要です。

私は北海道札幌市に拠点をおく看板制作会社の代表です。

看板の文字書き職人だった父から技術を学び、現在は外資系ホテルやショッピングモールの看板から、地域の飲食店や雑貨店に至るまで、大小さまざまな店の看板制作を引き受けています。

また、一般社団法人日本広告物施工管理協会（ＪＡＣＭＡ）では代表理事を務め、広告物の設計・施工技術の向上を目的に全国各地で講習会やセミナーなどを行っています。

看板には大小さまざまな種類がありますが、小さな看板であれば数万円で作ることができ、マス広告と比べて圧倒的に安価です。ウェブ広告のような運用の手間もかかりませんし、むしろ優秀な看板は無給で顧客を呼び続けてくれますから、マーケティングや営業スタッフにかかる人件費を抑えることができ、人手不足の課題も解決できます。

このように、看板は低コストで集客・売上・認知向上の効果を生み出せるローリスク、ハイリターンな手段なのです。

本書では、看板制作を考える際の基本となる種類や効果について説明します。また、私が看板制作の実務を通じて見てきた活用事例を踏まえながら、看板のデザイン、コピーワーク、設置後の効果測定の方法なども網羅します。

「最強のマーケター」である看板を強い味方にして、自然と商品・サービスが売れる仕組みを手に入れましょう。

はじめに …… 2

第1章
広告手段の多様化で選択肢から外れた「看板」

看板軽視の現実 …… 16
広告手段の多様化で看板が後回しに …… 17
「いい仕事」をするだけではお客さんは来ない …… 21
工務店に丸投げしている実態 …… 23
手入れしない看板はゴミ化する …… 24
看板は広告手段の一種である …… 25
細かな施策はプロに任せる …… 27

第2章
安価に設置ができ、売上を倍増させる
看板が究極のマーケティングツールである7つの理由

看板がすごい7つの理由 30
1．不特定多数の人に店や会社を周知できる 31
2．売り込まずに売れる・集客できる 33
3．24時間、365日稼働 36
4．お客さんを絞り込める 38
5．店や会社をブランディングできる 40
6．社内外の人に向けたコミュニケーションツールになる 42
7．街全体の価値を向上させられる 43

第3章

看板マーケティング戦略：種類・役割編
自社の目的に合わせた看板を選ぶ

看板の種類と役割 50
店や会社の存在を周知する大型看板 50

店の位置と「何を売る店か」を伝える中型看板 …… 54
詳細な情報を伝える中・小型看板（移動可能） …… 57
空間の快適性を高め、客単価を高める小型看板 …… 59
看板の使い分けで行動を後押し …… 62
入店までの行動を看板によって誘導する …… 64
看板が動線を作り出す …… 68
ちょっと大きいくらいがちょうどいい …… 69
道行く人の視線を考える …… 70
距離を踏まえて文字サイズを決定 …… 72
設置環境によって視認性が下がることもある …… 75

第4章

看板マーケティング戦略：デザイン編

形、色、バランス……考え抜かれたデザインでターゲットの目を引く

まずはターゲットを決める …… 78
ターゲットを具体的に想像する …… 80
想像したターゲットに伝える …… 83
【色】 …… 83
どんな印象を与えたいか考える …… 89
組み合わせのコントラストが目立ち具合を決める …… 91
【文字】 …… 94
【個性】 …… 103

第5章

一言一句こだわったコピーでターゲットを集客する

看板マーケティング戦略：コピーライティング編

引き付けたお客さんを引き込む …… 114
ターゲット層に刺さるコピーを考える …… 115

店名や社名より業態の周知が大事 …… 116
分かりやすいコピーで誤解を解消 …… 119
業務内容を伝えてニーズを意識させる …… 120
どんなニーズが満たせるか …… 123
潜在的なニーズを掘り起こす …… 125
Actionに結び付くコピーを打ち出す …… 127
「皆さん」から「あなた」に絞り込む …… 130
余計なコピーは入れない …… 132

第6章

看板設置後の効果測定で、効果を１２０％引き出す

看板マーケティング戦略：効果測定編

看板は育てるもの …… 138
看板マーケティングのＰＤＣＡ …… 140

評価基準を作る……141
小さな改善で効果を細かく検証……144
設置場所を変えて反応の良し悪しを見る……145
「まずやってみること」が大事……148
「何を伝えるか」がブレないように注意……149
不要な看板は減らす……151
ウェブとの連動で動線を増やす……153
イベントやチラシなどとの連動も検討……155
看板戦略の責任者になる……157
街歩きでヒントを得る……159

第7章

看板の活用法は千差万別！売上アップに成功した7つの看板事例

看板活用にはポイントがある …… 162
1. ファサードは大きく …… 162
2. 動きで人の目を引く …… 165
3. 1秒で分からせる …… 166
4. 時間に応じて使い分ける …… 170
5. デジタル化を先取り …… 172
6. 目立ったもの勝ち …… 175
7. 基本は外さない …… 178

第8章

正しく活用すれば、看板は最強の〝マーケター〟になる

正しく育てて財産にする …… 182

大きい看板は工作物の申請が必要 183
条例による制限は地域によって異なる 184
ローカルルールにも注意 186
ルール違反が命取りになる 187
ボロボロの看板が価値を低下させる 189
ファサードが汚い店はお客さんが来ない 191
信頼できる看板業者を見つける 193
看板の役目は「稼ぐこと」 195

おわりに 197

第1章

広告手段の多様化で選択肢から外れた「看板」

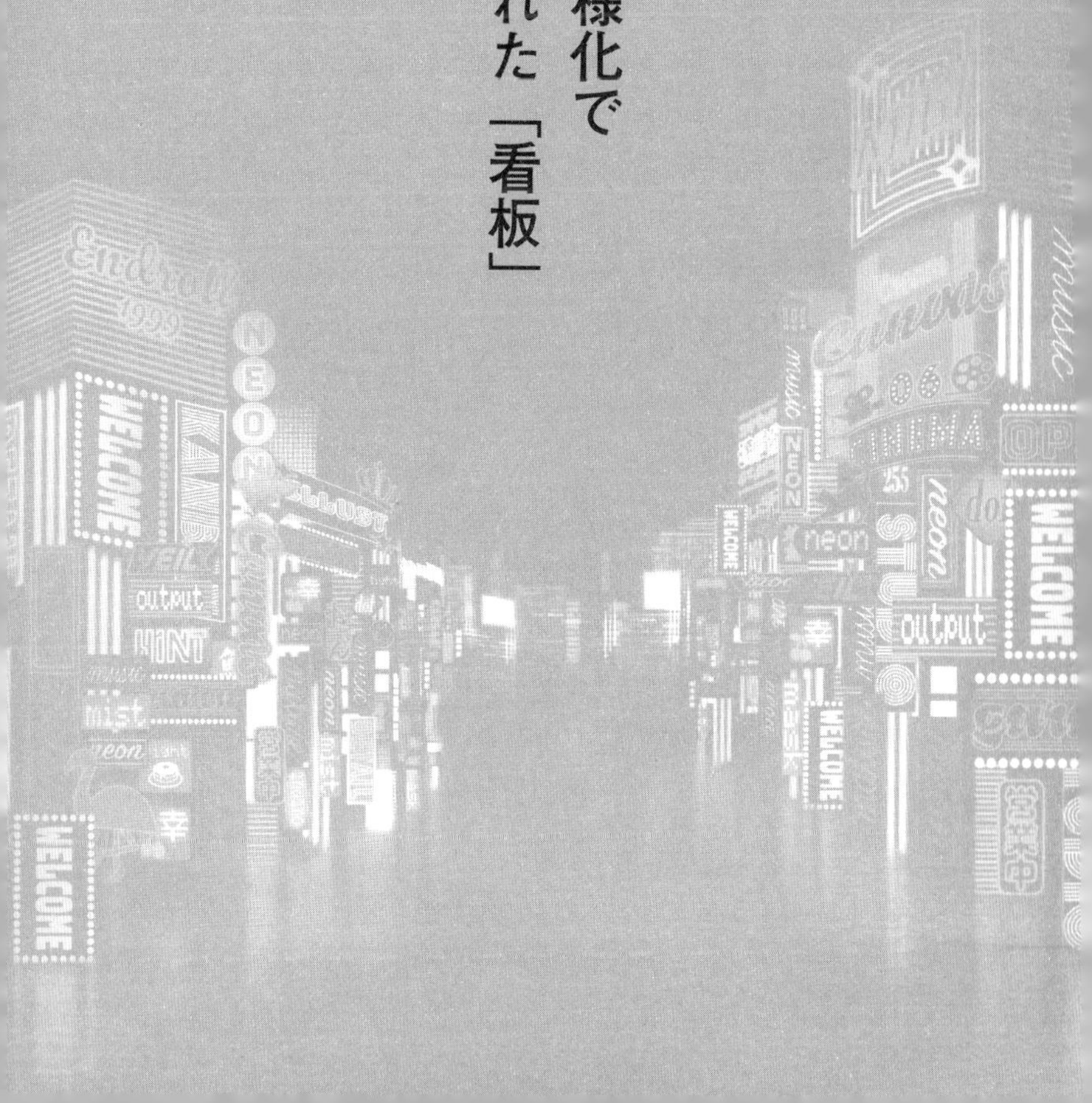

看板軽視の現実

「看板を作ってほしいのですが」

新規開店を目前に控えた寿司屋の大将から、このような依頼を受けました。開業が1週間後に迫っている段階で、看板のことをすっかり忘れていたことに気づき、急遽作りたいというわけです。話を聞くと、大将が思い描く看板のイメージはだいたい固まっていました。

「木の一枚板を使った看板で高級感を出したい。店名は毛筆の墨文字にして、ネタの活きの良さを表現したい」

寿司屋によくある看板なので、私もイメージが湧きましたが、そのあとに続いた言葉が問題でした。

「20万円くらいでできますよね。開店が近いもので、できれば2、3日で作ってもらえますか」

そのような要求を聞いたとき、「看板軽視の典型例だな」と思いました。

看板発注を忘れていたことからも分かるように、大将は看板の役割や必要性を軽く見ています。そして、このタイプの人は、看板はただのお店の外装、さらに言えば飾りだと勘違いしていることが多いのです。

看板業者としてはやりがいがある仕事でしたが、この依頼はお断りしました。理由は、物理的に無理だからです。20万円では、おそらく看板に使う木すら買えません。仮に安く調達できたとしても、3日では作れません。

看板を設置する意味・効果がしっかり分かっていればこのような依頼はしないはずです。「新規開店で看板の発注を忘れるなんて……」と思う人もいるでしょうが、実際には珍しくありません。看板軽視の現実です。

広告手段の多様化で看板が後回しに

看板が軽視される理由は3つあります。

1　広告手段が多様化したため

2　「腕があればお客さんは来る」と思っているため
3　新規出店や改装の手間と費用を抑えるため

1つ目の理由は、広告やマーケティングを取り巻く環境の変化によるものです。看板は広告手段の一つであり、広告はマーケティングの一部です。看板が道行く人たちの目に触れることで集客効果を生み出しますし、色使い、サイズ、コピーなどを工夫することにより、店や会社のイメージアップを図るブランディングにも使えます。

ただし、広告やマーケティングという言葉を聞いて、真っ先に看板を思い浮かべる人はほとんどいないでしょう。テレビCM、新聞の折込チラシなどのマス広告や、昨今はインターネット上で展開するウェブ広告が幅を利かせています。

ウェブ広告は種類が多く、自社ホームページでの集客や検索サイトへの出稿などが代表的な手段ですが、それ以外にも、リスティング広告、アフィリエイト、SNS活用などさまざまな手段があります。自社ホームページを見てもらうSEO対策だけに絞っても、本が1冊できてしまうくらい複雑です。

そのような方法を検討していくと、看板は自然と選択肢から外れてしまいます。結果、看板は「あればいい」「出せばいい」という感覚でとらえられ、余ったお金で作ろうと考える人が増えてしまうのです。

看板軽視の兆候は数字からも読み取れます。

電通の調査によると、国内の年間の広告費は、２０２０年の総額が６兆１５９４億円でした。このうち２兆２５３６億円がマス広告、２兆２２９０億円がウェブ広告、残りの１兆６７６８億円がプロモーション広告という割合です。

プロモーション広告は、電車などの中吊り、折込チラシ、ダイレクトメールなどを指し、看板もここに含まれます。看板関連の費用は、屋外広告が２７１５億円、ＰＯＰが１６５８億円で、２つ合わせても総額６兆円のうちの７％、マス広告やウェブ広告の５分の１ほどしかありません。

この数字から見ても、世の中の店や企業がマス広告やウェブ広告に目を向けていることがよく分かります。また、金額が大きいマス広告とウェブ広告は、マス広告の金額が年々減っているのに対して、ウェブ広告は増加しているという傾向も見られます。

ウェブ広告が増えているのは、あらゆることがネットとスマートフォンで片付く時代になり、広告効果が高くなったことが要因といえます。ウェブ上で集客でき、商品の販売や契約までできる時流を踏まえれば、店主や社長がデジタルマーケティングに目を向けるのは自然なことです。広告宣伝費には限りがありますから、以前なら看板に使っていたであろうお金をウェブ広告に使おうと考える人が増えるのも頷けます。

また、ウェブ広告はノウハウなどの情報が入手しやすく、勉強しやすいという理由もあります。少しネットを検索するだけでもSEO対策からSNS活用の方法まで、さまざまな情報が見つかります。その多くは、ホームページや自社ブログなどがすでにあればすぐに実践できることですから、ウェブマーケティングに意識が向きやすくなります。

そもそも、ウェブ広告はマーケティング手段のなかでは新しい取り組みですからやっていて楽しいですし、SNS活用などは消費者などからの反応が来ますから、マーケティングに取り組んでいる実感も湧きやすいといえます。

一方、看板は簡単には作れません。

「何か工夫したい」「面白いものを作りたい」と思っても、ネット上で見つけられる情報は少なく、作り方や活用方法が分かりません。看板制作は専門性が高い分野ですから、とっつきにくく、相談できる人も少ないといえます。

このような背景から、手を付けやすいところに意識が向くという点で、看板よりウェブ広告が優先されがちになるのです。

「いい仕事」をするだけではお客さんは来ない

看板軽視の2つ目の理由「腕があればお客さんは来る」については、店主や社長が「看板に頼らなくてもお客さんは呼べる」と思っているということです。これは、BtoCの商売では寿司屋、焼き鳥屋、ラーメン屋など職人色が強い飲食店に多く見られ、冒頭で紹介した寿司屋の大将もまさにこのパターンです。

新規出店や店舗のリニューアルの際、内装工事などを行う工務店に看板制作を丸投げするケースもよく見られます。本来であれば、看板にかけるお金はマーケティング費用の一部と位置付けて、広告宣伝費の有効な使い方を考えることが大事です。しかし、「腕があればお客さんは来る」と思っている人は看板の集客効果やマーケティング効果を理解しておらず、そこにお金を投じる価値を感じないため、看板にかかる費用を建設費の一部と位置付けて、なるべく安く抑えようと考えてしまうのです。

ＢtoＢの商売でも、腕、実力、実績で勝負する仕事は「看板に頼らなくてもお客さんは呼べる」と考える人が多く見られます。例えば、税理士、弁護士など士業と呼ばれる業種です。

士業は口コミや紹介で仕事が発生します。一方、看板は基本的には新規のお客さんを獲得する手段です。

「紹介で仕事が得られるのだから看板による集客は不要」

そのように考える人が多いため、士業の人や資格で仕事をしている人の間では看板の価値が認知されにくいのです。

多くの職人や士業の人たちが考えているように、「お客さんが来る」のは「いい仕事をする」からです。それは間違っていません。しかし、「いい仕事をする」と「お客さんが来る」かというと、そうとは言い切れないでしょう。いくら腕があっても、店や会社の存在が周知されなければお客さんは来ないからです。

世の中には、おいしい料理を出すのに流行《はや》っていない店があります。実力があるのにお客さんが来ない会社もたくさんあります。その理由は、存在が知られていないからです。ネット社会においては、自社ホームページやウェブ広告の戦略がない店や会社は認知されず、存在していないのと同じ扱いになります。リアルの世界でも同様に、店の存在を知らせる手段がない店や会社は、道行く人たちには存在していないのと同じ扱いになるのです。

工務店に丸投げしている実態

3つ目に挙げた「新規出店や改装の手間と費用を抑えるため」は、新規出店や改装の費用を銀行など金融機関から借り入れる場合によく見られるケースです。

銀行などからお金を借りるためには費用の見積もりを提出する必要があります。少しでもコストを抑えるために、複数の看板制作業者から見積もり（相見積もり）を取ることも少なくありません。そこに手間や時間をかけることを「面倒くさい」と考える店主は、内装工事や改修工事を依頼している工務店に看板制作も頼んでしまいます。一方の工務店は、看板制作にかける費用が多くなるほど内装に使えるお金が減り、利益も減ってしまいます。そこで、下請けの看板業者に低予算で依頼することになり、結果として安っぽい看板ができてしまうのです。

手入れしない看板はゴミ化する

看板軽視は、集客の伸び悩み以外にも店や会社に悪影響を及ぼします。

まず看板を軽視する店や会社は、看板の手入れを怠ることが多くなります。看板の効果に価値を感じていないため、「とりあえず出せばいい」「出したら終わり」と考えやすくなり、手間や時間やコストをかけてメンテナンスする意欲が低くなるのです。

メンテナンスせずに放置すると、当然看板は劣化します。例えば、街中を歩いていると、電球が切れている看板を見掛けることがあります。日焼けや雨風にさらされた影響で店名や企業名の文字がかすれて見えなくなっている看板もありますし、看板の前に生えている草が伸びて、看板そのものを見えなくしていることもあります。

昼ごはんを食べに入ろうとした店の看板に鳥のフンがついていたらどう思うでしょうか。ほとんどの人は食欲を失うか、別の店にしようと思います。

ボロボロに劣化している、手入れがされていない看板が多くの人の目に触れることで、店や会社のイメージは下がり続けていきます。しかし、看板を軽視している人たちは出してからもマーケティングのツールとして活用する意識がないため、看板が看板本来の役割を果たせない状態で放置されているのです。これは言い換えれば、資産として有効活用できるはずの看板をゴミと同じ扱いにしている状態です。

看板は、きちんとメンテナンスして有効活用することでお客さんを呼び込み続けてくれるにもかかわらず、自らゴミ化させているのはたいへんもったいないといえます。

看板は広告手段の一種である

看板軽視は、集客、リピート獲得、ブランディングといったマーケティングの全体的な戦略にも影響します。マーケティングは、学者や専門家によってさまざまな定義がありますが、分かりやすくいえば商品やサービスを売れやすくして、「店や会社が儲かるための仕組み」をつくることです。

看板は広告手段の一つですから、マス広告やウェブ広告などとの連動性を考えながら、店や会社全体としてのマーケティング戦略にうまく組み入れることが大事です。例えば、ウェブで店探しをする人が増えている昨今は、ウェブで良さそうな店を検索し、「ここに行ってみよう」と決めるケースが多くなっています。そのとき、実際の店の看板が目に留まりやすいほど、お客さんは店を見つけやすくなります。集客はここの動線が重要で、目立つ看板、分かりやすい看板があることにより、お客さんはスムーズに来店できるようになります。

逆のパターンで、店前を通り掛かった人が看板を見て興味をもてば、詳細な情報をウェブで検索することがあります。この場合、看板はお客さんを自社ホームページに導く役割を果たします。見た人の印象に残る看板ほどウェブに誘導する力が大きく、ウェブで詳細を確認して「今度行ってみよう」と決める人も増えやすくなります。

つまり、看板はウェブで集客したお客さんを店内に招き入れる最後の一歩の手段であり、店に興味をもってもらうための最初の一歩の手段にもなるということです。

ところが、看板軽視のせいで「出せばいい」「あればいい」と思って手間、お金、時間をかけることを惜しむと、目立たず、見づらい看板が出来上がります。結果、ウェブで「良さそうな店」と思った人が実際の店を見つけられなくなったり、店の存在を周知できず、自社ホームページを見る人が増えなくなったりしてしまいます。

同じことがマス広告についてもいえます。新聞の折込チラシなどで新規開店やキャンペーン情報を周知したとしても、看板が目立たなければお客さんは店を見つけられず、諦めて帰ってしまうかもしれません。

このような結果を避けるには、看板を広告手段の一つと認識したうえで、店や会社が儲かるための戦略をつくる必要があります。工務店は店づくりのプロですが、集客や経営のプロではありません。そのため、工務店に看板制作を丸投げしても、マーケティング効果を生む看板は作れません。また、看板制作では広告代理店に依頼するケースも多いのですが、彼らも広告のプロであり、経営のプロではありません。

では、誰がマーケティング戦略や看板活用の施策を考えるのかというと、自分の商売について最もよく知っている店主であり、社長です。どんなお客さんを呼び、どんな店や会社にしたいかを考えて、マーケティング施策となる看板活用法を考える必要があります。看板活用も経営の一部であり、軽視してはいけないのです。

細かな施策はプロに任せる

店が儲かる仕組みづくりは店主が考えるものです。会社が儲かる仕組みづくりなら社長が考えます。それが、経営者が担う役目の一つであるというのが私の基本的な考えです。

ただ、マーケティングは学問ですので、時間に制限のある店主や社長が詳細まで突き詰めるのは難しいかもしれません。また、学問として学んだ知識だけでは実際の現場では不十分なこともあります。戦略としてのマーケティングを頭で理解するだけでなく、現場で使える具体的な戦術に落とし込み、実行していく必要があるのです。

そのため、マーケティング戦略の大枠、概要、方向性を考えたら、細かなことは各マーケティング施策のプロに任せるほうが得策です。例えば、市場動向の調査ならリサーチ会社を使ったり、シンクタンクがまとめているレポートなどを踏まえたりすることができます。広告なら広告代理店がアドバイスをくれるでしょうし、看板なら看板業者が効果的な方法を知っています。

看板業者は、看板を作ることだけが仕事だと思われがちですが、そうではありません。どうすれば店や会社が儲かるかという視点に立って、看板という広告手段の有効な活用法が提示できます。現場で通用する戦術を店主や社長と一緒に考え、ブラッシュアップすることも可能です。看板戦略を提示できることが看板業者の価値であり、看板業者に依頼するメリットであるといえます。看板活用では、そこに目を向けることが重要です。

第2章

安価に設置ができ、売上を倍増させる看板が究極のマーケティングツールである7つの理由

看板がすごい7つの理由

看板は広告手段の一つです。マス広告やウェブ広告とは異なる長所があり、集客や販売促進の面では、営業スタッフによる営業活動では得られないメリットも生み出します。集客やブランディングを含むマーケティングの視点から見ると、看板の優れた点は以下の7つです。

1．不特定多数の人に店や会社を周知できる
2．売り込まずに売れる・集客できる
3．24時間、365日稼働
4．お客さんを絞り込める
5．店や会社をブランディングできる
6．社内外の人に向けたコミュニケーションツールになる
7．街全体の価値を向上させられる

分かりやすく言えば、看板は、24時間、365日、休まずに文句も言わずに働く優秀な営業担当者であるということです。

1. 不特定多数の人に店や会社を周知できる

大きさ、デザイン、視認性（見やすさ）などの点で道行く人たちにきちんと認知できるようになっていることが大前提ですが、看板は老若男女を問わず、万人に向けて広告できる手段です。新聞広告や新聞の折込チラシは購読している人にしか届きません。新聞の購読者は年々減っていますし、購読者のほとんどが高齢者です。テレビも同様に、昨今は若い人たちの半分くらいしか見ていません。

ウェブは基本的にはお客さん自ら検索して情報を入手する仕組みです。利用したい店を探すにしても、店名などの基本情報や店の存在を知らなければ検索できず、「焼肉を食べたい」「美容院に行きたい」といったニーズがある人が検索します。一方、看板はニーズに関係なく万人の目に入るので、不特定多数の人に存在を周知できるという点では、ウェブ検索よりも優位性があります。

エリアの問題も工夫次第

看板は目の前を通る人に向けた広告です。広告できる範囲は、店前の数mから、野立て看板などで遠くに設置するとしてもせいぜい1、2kmくらいまでの範囲ですので、それより先にいるお客さんに広告するためにはマス広告やウェブ広告を組み合わせる必要があります。

つまり、近隣のお客さんを集めるなら看板だけでも十分に広告できますが、より広範囲に集客するのであれば、看板とそれ以外の広告手段を組み合わせた一段階上のマーケティング戦略が必要ということです。

ただ、看板そのものが有名になると、遠くにいる人にも認知してもらえます。分かりやすい例がかに道楽の看板です。かにの足が動くかに道楽の看板は、面白い看板として全国的に知られているため、かに道楽の店舗がない地方の人にもその存在は認知されています。

ここまでいくと、看板は単なる集客ツールではなく店の重要な資産となります。かに道楽の看板は極端な例ですが、全国とはいわずとも地元や周辺地域で認知されるくらいの看板を作ることが、不特定多数の人に周知するという点でいえば理想的であり、看板制作の目指すところといえます。

2. 売り込まずに売れる・集客できる

営業マンによる販売活動と比べてみると優位性が分かります。

営業や販売活動は、お客さんへのアプローチの方法により2つの型に分けることができます。営業マンがお客さんにアプローチする方法をプッシュ型、お客さんからのアプローチを待つ方法をプル型といいます。

営業マンが訪問したり、電話をかけたり、街中でティッシュを配ったりする営業は、プッシュ型に当たります。営業マンが関わらない方法として、ダイレクトメールやチラシもプッシュ型ですし、ウェブ広告の分野では、メルマガ配信、アフィリエイト広告記事、リスティング広告、企業アカウントを使うフォロワー向けのSNS投稿などもプッシュ型です。一方、看板はプル型の一種です。その他の施策としては、自社ホームページ、商談会やセミナーなどがあります。

営業手法としては、どちらも効果があります。ただ、プッシュ型は商品やサービスを売り込む手法ですので、それら商品・サービスに興味がない人には嫌がられたり、その結果として店や会社の印象が悪くなることがあります。また、コロナ禍においてソーシャルディスタンスが重視される状況では、営業マンからアプローチする方法はお客さんに敬遠される可能性があります。

その点、プル型の看板はお客さんからのアプローチを待ちますので、お客さんには誰かと接触したり忙しいときに売り込まれたりするストレスが発生しません。

居酒屋や洋服屋などでは店員さんの声掛けが売上増加につながるでしょうが、活気や勢いが不要な店では、プッシュしないほうが売上が増えることもあります。店や会社側としても、営業マンが走り回る必要がないため、手間とコストと時間を抑えることができ、お客さんにプッシュ型営業を断られて、営業マンが精神的に疲弊するといった負担も避けることができます。

売上獲得のコストが安い

売れる、集客できるという点でもう一つ看板が特徴的なのは、きちんとメンテナンスさえしていれば、長期的に集客できることです。

チラシと比較してみると、チラシはプッシュ型の営業ツールで、「安いです」「お買い得です」「来てください」とアピールすることでお客さんを増やします。ただし、効果は瞬間的です。良い例えではありませんが、ドーピングと似たところがあり、瞬間的に売上を増やすことはできますが、すぐに効果が消え、元通りになります。効果を生み続けるためには、チラシを撒《ま》き続けなければなりません。つまり、チラシは有効な販促ツールであり、集客手段でもあるのですが、効果を継続的に増やしていくためには、コストも継続的に増えていきます。

その視点で見ると、看板はコストのかかり方が異なります。看板は設置するときのコスト（イニシャルコスト）がかかります。小さな看板なら数万円、店頭に掲げる看板や、幹線道路沿いに設置するような大型看板は数百万円くらいかかるため、その点で「チラシのほうがいい」「営業マンを雇ったほうがいい」と考える人もいます。

しかし、一度設置してしまえば、その先のコストはほとんどかかりません。電球が切れたときに交換したり、看板周辺の草刈りをしたりするためのコストはかかりますが、デザインとコピーがよければ、それだけのコストで10年以上効果を生み続けます。最近では、照明が電球からＬＥＤ照明に替わり、寿命も長くなりました。条例に基づく定期的なメンテナンスは必要ですが、正しく運用することによって大きなコストカットのメリットが得られます。

効果を得るための継続的なコスト（ランニングコスト）を含めて計算すると、チラシや営業マンはランニングコストがかさんでいくのに対し、看板のランニングコストは少額です。イニシャルコストが高かったとしても、看板の活用時間が長くなるほど販売や契約にかかるコストは小さくなり、チラシや営業マンを使う場合よりも安く収まることも多いのです。

3．24時間、365日稼働

これについても、営業マンと比べてみると有意性は明確です。

営業マンは24時間働くことはできません。しかし、看板は24時間稼働します。例えば、ロードサイドの立て看板や店前に立てるポール看板などは、雨も風も雪も台風も関係なく、ただひたすらお客さんを呼び続けます。また、店や会社が24時間営業でなくても、閉店時に下ろすシャッターに営業時間や商品名・サービス内容などを書いておけば、通り掛かった人に向けた広告になります。シャッターがなければ入り口のドアに営業時間などを書いておくことができます。

このような情報発信をすることで、営業時間外でも店や会社の存在を知ってもらうことができ、「今度、来てみようかな」と思うお客さんを増やすことができるのです。

看板制作の現場では、新規出店やリニューアル工事をする店などから、「オープン前に看板を出したい」といった依頼を受けることがあります。新規開店やリニューアルする半月くらい前に看板を仕上げて、先に店先に掲げておくということです。これも営業時間外も看板に働いてもらう方法で、看板活用やマーケティング意識が高い店主や社長が共通して行っていることの一つです。

ポイントは、開店前に看板を出すことです。新規出店する店がまだ工事中でも、店名や業種が分かる看板を先に出しておけば、通り掛かった人はもうすぐ店ができるのだなと分かります。

「ここに新しい美容室ができるのか。できたら行ってみよう」

そんなふうに感じてもらい、営業開始前からお客さんの期待を集めることができます。

リニューアル工事も同様に、新しくした看板を先に出しておいたり、「まもなくリニューアルオープン」といった案内をしたりすると、その時点では工事が終わっていなくても、「どんなふうに変わるのかな」「リニューアルしたら行ってみよう」と思ってもらうことができます。

4．お客さんを絞り込める

店の雰囲気やイメージを看板によって伝え、店主にとって来てほしいお客さんを集めることができます。「来てほしくないお客さんを遠ざける」ともいえます。看板は、より多くの人を集客することができますし、見せ方を工夫することで、来てほしい人を「選客」することもできるということです。

飲食店を例にすると、繁華街や駅前などには、赤提灯やネオンの目立つ看板を掲げている店があります。店前にはメニューを書いた看板があり、「生ビール１９０円」などと書いてあります。このような店は、お客さんに「安く飲めそうだ」という印象を与え、会社帰りにちょっと飲むお客さんでにぎわいます。これは来店者数を増やしたい店の基本的な看板戦略で、看板によってにぎやかな雰囲気を演出し、より多くの人に店の存在を周知します。

一方、飲食店のなかには、小さく控えめな看板を掲げ、質素な見た目にしている店もあります。大衆居酒屋とは違い、外から中の様子は分かりません。メニューなども見当たりません。テーブル数が少ないフレンチレストランや、1日数組の予約で営業している店などにこのタイプが多く見受けられます。このような店は、会社帰りに気軽に飲みたいお客さんを遠ざけます。これは来店者の量よりも質を重視したい店の基本的な看板戦略で、あえて店を周知せず、隠れ家のような雰囲気を醸成することで、接待やデートでの利用を獲得します。

これが看板による選客です。どの店にも、来てほしい客層やリピートしてほしい客層があるものです。希望するターゲット層と実際に来店する人の層をマッチさせる手段として、看板のデザインや出し方を工夫することは重要です。

5. 店や会社をブランディングできる

どういう店で、どういう会社かを明らかにするということも看板の重要な機能です。

ブランディングは、ブランド品という言葉から高級感の醸成を考える人が多いかもしれません。しかし、「この店は安い」「あの商品はコスパがいい」などと認知されることもブランディングの成功例です。その視点から見ると、マクドナルドや吉野家はブランディングの成功例といえます。「マックはこういうお店です」「吉野家はこんなお店です」と説明しなくても、「安くておいしい店」であることが全国的に認知されているからです。

赤地に黄色のMの看板や、オレンジ色に黒文字の看板が、ブランディングによって作り出した「安くておいしい店」が「ここにあります」というメッセージを道行く人たちに向けて発信します。

文字によって「どういう店か」「どんな商品を扱っているか」を伝えて、店や会社のイメージを周知していくこともできます。分かりやすい例が、ドン・キホーテの「驚安の殿堂ドン・キホーテ」という看板です。驚くくらいの安さがウリであることが分かりますし、「殿堂」が大きく、広い建物を連想させますので、看板を見た人に大型のディスカウントショップであることが伝わります。

ここまで直接的なメッセージを書かない場合でも、看板の色やデザインなどでどんな店か伝えることができます。街中にある家系ラーメンの店が好例です。このタイプのラーメン店は、赤地に黒い筆文字の看板を掲げることが多く、どの店の看板も目立ちます。ゴテゴテしている看板から、ラーメンもこってりしていて、具材が大きめのラーメンが出てくるだろうとイメージできます。あっさりしたラーメンを食べたいと思っている人が、この看板を見て「ここに入ろう」と思うことはまずありません。

つまり、家系ラーメンの看板は、「うちは濃厚なラーメンを出す店です」と伝えるブランディングの役目を果たしているわけです。看板によってどんな店かが伝われば、どんな店か知ってもらうための広告費や販促費が抑えられます。「安くておいしい店」を探している人や「濃厚なラーメン」を食べたいと思っている人が自然と集まり、集客コストも抑えられます。

6. 社内外の人に向けたコミュニケーションツールになる

集客手段としてではなく、自社のイメージアップや社員に向けたメッセージを伝えるための手段として看板を使うことがあります。例えば、銀座の中央通りを歩いていくと、ソニー、日産、大手銀行の看板などが目に留まります。大阪の道頓堀はグリコの看板で有名ですし、私の地元の札幌では、ニトリ、ほくでん、とんでん、ツルハ、つぼ八、よつ葉乳業など、北海道民なら誰でも知る北海道発の企業の看板がたくさん掲げられています。

看板の近くに店舗があるなら、看板を出すことによって「ここに店があります」と伝える効果があります。しかし、これら企業の店舗は近隣には見当たりませんので、集客効果は生まれません。また、企業看板のほとんどは商品やサービスではなく社名だけを周知している看板ですし、そもそも看板を出している企業の多くはすでに十分に知られている企業ですので、知名度向上のためにわざわざ大きな看板を出す必要性も低いといえます。

それでもコストをかけて大きな看板を出す理由は、社外、社内の人に向けたコミュニケーションのためです。社外に向けては、一等地の目立つ場所に看板を出すことにより、大手企業ならではの安心感を与えることができます。安心感があるほど、その会社の商品が安全であるという印象も与えられます。取引先も安心して一緒に仕事ができますし、これから就職や転職を考えている人には、安心して勤められる会社という印象を与えられます。

社内向けのコミュニケーションは、社員や社員の家族に向けてのものです。自分の会社が一等地に看板を出していれば、大手企業に勤めている満足感と安心感が得られます。自分の会社に誇りをもち、モチベーションも高まりやすくなります。

7. 街全体の価値を向上させられる

札幌のススキノが分かりやすい例です。札幌を訪れる人が、飲み、食い、遊びのためにススキノを訪れるのは、ススキノの街が広く認知されているためです。ススキノはきらびやかな看板がひしめいています。各店舗が掲げる大小さまざまな看板が合わさることで、街全体の活気を生み、華やかな雰囲気を醸成しています。この雰囲気がススキノの認知度を高めている大きな要因です。

新宿の歌舞伎町や大阪のミナミも同じです。海外では、米国ニューヨークのタイムズスクエアは世界でも指折りの華やかなエリアですし、香港の九龍も同様に、各店舗が競うようにしてネイザンロードにネオン看板を掲げることで、お祭のような雰囲気をつくり上げています。

現地を訪れる人の「この街に行けば楽しめる」「いつか行ってみたい」といった気持ちを刺激するのは、雑多な看板が街の景観をつくり出しているからです。同時に、街に人が集まることによって看板を掲げている店の集客率も高くなります。繁華街など活気が重要な地域では店と街が共存関係にあるということです。看板にお金をかけ、それが売上として戻ってくるという良いサイクルが生まれています。見方を変えると、活気が乏しく、寂れて見える街は、繁華街全体として看板活用のマーケティングが機能していないということでもあります。

余談ですが、若い頃にまちづくりを主観とした若手経営者の会に在籍していたことがありました。

そのときに感じたのは、地方自治体主導のまちづくりなどはヨーロッパの街並みを目指す傾向にあり、看板が少なくなりやすいということです。コンセプトとしては決して悪くありません。石造りの建物や石畳の道路は上品な雰囲気を演出しますし、看板を減らすことによって雑多な雰囲気を抑えれば、イタリアのミラノやスペインのバルセロナに来たような感覚になります。

しかし、観光地であればそれも良いのですが、実際に住むと寒々とした印象になります。日本人を含むアジア人は、全体的な傾向として看板などがたくさんある雑多な雰囲気に活気を感じ取るため、それが抑えられることによって寂しい街並みになってしまうのです。

上品なまちづくりにも活用できる

集客のための看板活用は、目立つことや、道行く人の目に留まりやすくすることが基本です。

例えば、東京都新宿区の景観形成ガイドラインを見ると、歌舞伎町エリアでの屋外広告物に関する景観形成ガイドラインとして、看板など建築物全体で光を演出する、夜間は看板で光溢れるにぎわいをつくるといったことが書かれています。歌舞伎町の看板が派手で華やかなのは、各店舗が「目立たせよう」と努力していることが大きな理由ですが、その根底には新宿区のまちづくり戦略として、看板を街の活性化に活かそうとするマーケティング戦略があるのです。

一方で、街全体の価値向上という点では、あえて目立たないようにすることや街全体として派手な看板を規制することが、街の価値向上に結び付くケースもあります。新宿区内には神楽坂のような落ちついた雰囲気の地域もあり、ここでは歌舞伎町とは対照的なガイドラインが設けられています。ガイドラインの一例を挙げると、車や電車から見える中層部や高層部の看板は彩度を抑えて余白を多く取る、ビジョン広告やいわゆる画面がデジタルになっているデジタルサイネージの看板は避ける、ビルの壁面の看板は必要最小限の大きさにする、といったことです。

看板規制では、景観保護を重視する京都市の景観条例も有名です。条例に従って、京都市ではマクドナルドの看板は鮮やかな赤ではなく茶色がかった地色に変更され、オレンジが目立つ吉野家やすき家の看板も白地の看板に変更されています。特に規制されるのが、赤、オレンジ、黄色の看板です。赤系はマクドナルドのほかにも多くの飲食店で使われる色ですが、京都では不二家やガストなどは白地になり、ユニクロやワイモバイルなどは茶色系の地色になっています。

石川県金沢市や兵庫県神戸市なども景観に厳しい街として知られています。看板規制を含む景観コントロールを始めたのが金沢市であり、初めて都市景観条例を作ったのは神戸市といわれています。

金沢市では、屋根や外壁に掲げる看板の基調色として、「赤や黄赤系の色相で彩度6以下」「黄系の色相は彩度4以下」といった細かな規定を作っています。彩度とは色の鮮やかさのことで、彩度が高くなるほど色合いは派手になります。そこに規制をかけることにより、街全体の景観を落ちついた雰囲気にすることが景観条例を作る意図です。

ちなみに、各市町村の景観条例は景観法という法律に基づくもので、条例の内容に適合していなかったり、変更命令や勧告を受けても従わなかったりした場合は、法律の規定によって50万円以下の罰金が発生することもあります。

規制を受ける市内の店などは、看板が目立たなくなることによって集客力が低下する可能性があります。ただ、自分の店の看板だけが目立たなくなるわけではなく、近隣の店も条例によって規制されるため、競合店も同じ条件なのでそこまで問題ではありません。むしろ、条例によって落ちついた街並みやきれいな景色が保たれれば、他県などからの観光客が増え、集客数が増える可能性が見込めます。街の価値向上という点から見ると、看板は目立たせることによって集客するだけでなく、目立たせないことによって集客するという両方向のマーケティング戦略がつくれるということです。

集客が関係ない観光地以外の場所では、例えば、高級住宅街である兵庫県芦屋市では、ビルの屋上看板が禁止されています。回転灯や点滅灯、ネオンやＬＥＤ看板も原則禁止で、金沢市などと同様に、色使いについては彩度の規定があります。このような規制を行う理由は、一つでも派手な看板があることによって落ちついた雰囲気が壊れるためです。マーケティングの視点から見ると、看板はまちづくりに影響する重要なパーツの一つであり、街の雰囲気づくりに大きく影響する存在感とインパクトをもっているということです。

第3章

看板マーケティング戦略：種類・役割編

自社の目的に合わせた看板を選ぶ

看板の種類と役割

看板はマーケティングの重要な要素の一つです。

マーケティング全体の流れとして、市場調査や商品開発に取り組み、すばらしい商品やサービスを作ったら、その一連の取り組みを売上という成果に結び付けるのが看板の役目です。看板活用の目的となる集客や販売促進の効果を高めるためには、看板にはどんな種類があり、それぞれの看板が、どんな場面で、どんな効果を発揮するか押さえておくことが重要です。

看板は大小さまざまですが、店舗周りでよく使われる看板をサイズと役割で分けると以下のように整理できます。

店や会社の存在を周知する大型看板

建物に据え付けたり敷地内に建てたりする、移動できない大型の看板があります。特徴は、大きく目立つことです。遠くから認識できるため、店や会社の存在を広く周知することができます。

例えば、屋上看板は四角い形状であることが多く、東西南北に向けて店名などを周知できます。また、ポール看板は地面から数mの高さに掲げますので、屋上看板と同様に遠くから認知しやすく、道路沿いに立てることが多いため、車などで移動中の人も認知しやすくなります。

広告効果としては、店名や社名などを伝えることで、会社の場合なら「何をする会社なのだろう」といった興味をもってもらうことができ、店舗の場合は「あそこにスーパーがあるのか」といった認知を促すことができます。

集客面では、大型看板を見た人が「行ってみよう」と思うこともありますし、存在を知ってもらうことによって「今度行ってみよう」と思う潜在的なお客さんを増やすことができます。また、お客さんのなかには、インターネットなどであらかじめ情報を調べてから来店する人もいます。そのような人が店に向かうときに、認知しやすい大型看板は目印になり、「ここに店があります」というメッセージとして来店までの道のりを誘導する役目を

主な看板の種類

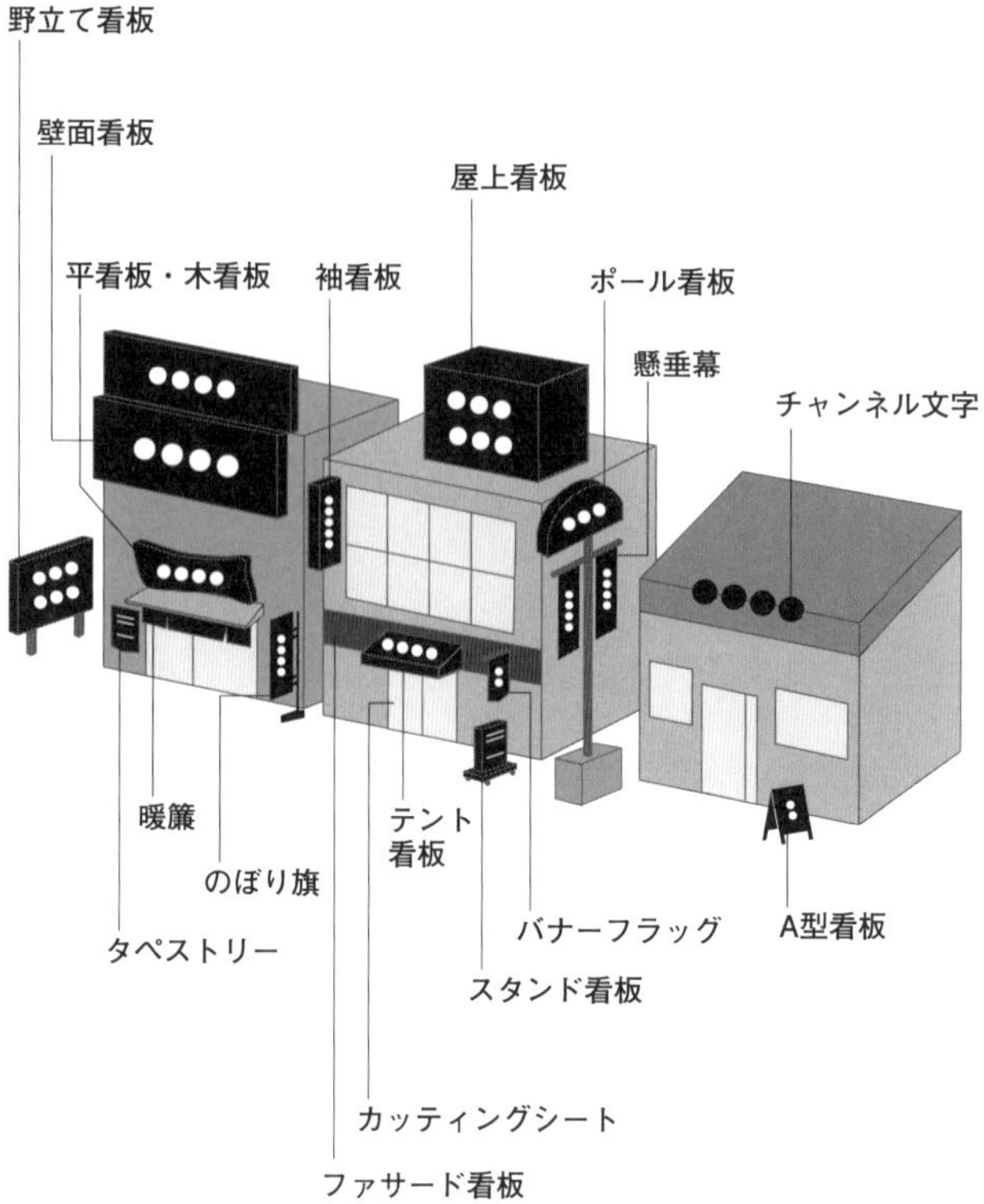

野立て看板
壁面看板
屋上看板
平看板・木看板
袖看板
ポール看板
懸垂幕
チャンネル文字
暖簾
テント
看板
のぼり旗
バナーフラッグ
A型看板
タペストリー
スタンド看板
カッティングシート
ファサード看板

果たします。

大型看板の種類

・**屋上看板**　ビルの屋上に設置する看板。面積が大きく、遠くから認知できます。また、看板そのものが広く知られることで、ランドマークとして待ち合わせ場所になったり、「あの看板がある角を曲がって」など道案内のポイントになることもあります。

・**ビジョン看板**　建物の壁面などに設置するデジタルサイネージ。動きと音が出せるのが最大の特徴で注目を集めることができます。

・**ポール看板**　店名や社名などを周知するために道路脇に立てる看板です。

・**自立看板**　店名や社名などを周知するために道路脇に立てる看板で、ポール看板よりも低い位置に立てます。

・**野立て看板**　地面に支柱を立て、設置する看板。店前や、視界が広い空き地や駐車場などに立てるほか、幹線道路や線路沿いに立てるケースもあります。

・**袖看板**　店や会社が入っている建物の壁に据え付ける看板。歩道や道路に対して直角に突き出しているため、左右から来る人や車に対して店や会社の場所を周知できます。

大型看板の活用例

必ずしも集客効果を第一としない企業広告の看板では、大阪のグリコの看板などが有名です。ランドマークとして周知されることにより、企業イメージの向上につながっています。

店の位置と「何を売る店か」を伝える中型看板

中型看板は、主に店の建物や店前に設置するもので、ここでは基本的に移動できない据え付けタイプの看板を指しています。中型看板の特徴は、店や会社の場所を周知できることです。

中型看板は店前で使用しますので、大型看板のように遠くから認知するのは難しくなります。一方、店前を通った人への訴求力は強く、「ここにクリーニング店があるのか」といった認知を促進し、どんな店か、何を売っている店かを伝えることができます。

大型看板は見る人と看板の距離が遠いため、細かな文字情報などは伝えられません。そのため、店名や社名のみを大きく掲げたり、ロゴマークをアピールするために使うケースがほとんどですが、中型看板は見る人との距離が近くなるため、例えば、店名だけでなく「焼肉」「スナック」といった業種が伝えられますし、袖看板や入り口に取り付けるテント看板などと組み合わせることで、営業日や営業時間といったより細かな情報を伝えることもできます。

中型看板でもう一つ重要な役割は、表札の役目をもっていることです。インターネットなどで情報を調べてから来店する人は、グーグルマップなどを使って店の近くまで来ることができます。その際に、中型看板が目に付きやすいところに設置されていると、看板が表札代わりとなり、お客さんはそこが目的地であると確信できます。

中型看板（据え付け）の種類

・ファサード看板　ファサードは、建物の正面部分を意味するフランス語で、店舗の場合は入り口がある正面の造りを指します。店の入り口の上に取り付ける看板がファサード看板です。

・平看板　店名や社名を書くファサード看板の一種。プレート看板とも呼びます。軽量で耐久性があるアルミ素材がよく使われています。

・**木看板**　木の一枚板を使うファサード看板の一種。高級感やオリジナリティを出す際によく使われます。ファサード以外で使用することもあります。

・**LED看板**　LEDを使い、看板そのものを光らせたり、電光掲示板のように文字を掲示する看板。

・**テント看板**　店や会社の入り口に日除け、雨除けのような形で突き出して据え付ける看板。歩道や道路に突き出すことによって店や会社の存在を目立たせることができます。

・**シャッターマーキング**　シャッターに店名、社名、ロゴなどを書くもの。閉店時でも店や会社の情報を伝えることができます。

・**カッティングシート**　窓ガラスに貼り付けるシートを使い、店名や社名などを掲示します。

中型看板（据え付け）の活用例

中型看板は、主にファサードを中心として据え付けます。ファサードは店や会社の「顔」であり、来店者や店前を通る人の印象を左右するため、派手なデザインで目立たせたり、木看板などで独自性を出し、高級感を演出したり、記憶に残りやすくするといったさまざまな工夫がされています。

また、1階にある店や店舗は歩きながら自然と目に入りますが、2階以上にあると目立ちにくくなります。LED看板やカッティングシートを使うなどして店の位置を分かりやすくするという点でも中型看板は重要な役目をもっています。

詳細な情報を伝える中・小型看板（移動可能）

中型看板と同様に店前に設置するもので、ここでは移動または簡単に変更できるタイプの看板を指しています。中・小型看板は、店や会社の業態や、提供している商品の詳細を伝えることができます。例えば、スタンド看板は飲食店のメニューなどを伝えることができます。懸垂幕やのぼり旗は季節商品やイベントなどの周知でよく使われる看板です。集客面での特徴としては、お客さんの入店を促す効果があります。

中型看板で店の存在と場所を記憶した人は、その時点ではどんな店かが分かりません。そのときに、「ビール190円」「手もみマッサージ」などと書いたスタンド看板があると、入ってみようという気持ちが強くなります。大型看板が店の周知、中型看板が来店を促すためのものであるとすれば、中・小型の看板は店前に来た人や通り掛かりの人たちを入店させる役割を果たします。

中・小型看板（移動可能）の種類

・**懸垂幕**　建物にぶら下げる布製（主にテント生地を使用）の看板。イベント告知のときなどによく使われています。

・**横断幕**　懸垂幕が縦長であるのに対し、横長のものを横断幕と呼びます。用途としては懸垂幕と同じで、懸垂幕をぶら下げる高さが確保できないときなどは横断幕を使用します。

・**のぼり旗**　店舗や会社の敷地内に置く布製の看板。設置と撤去が簡単で、季節商品、イベント案内、おすすめ商品の案内などに使われています。

・**イベントサイン**　イベント開催中などに店頭に置く立て掛けるタイプの簡易看板。

・**スタンド看板（立て看板、置き看板）**　店舗前に置く看板。営業中に出し、閉店時に店内にしまいます。キャスター付きのタイプ、電飾タイプ、黒板タイプなどがあります。

・**A型看板（掲示板）**　スタンド看板の一種で、メニューボードなどに使われます。横から見たときにAの形に見えることからA型看板と呼ばれます。

中・小型看板の活用例

中・小型看板は、大型看板や据え付け型の中型看板と比べて、看板を見る人との距離が近くなります。そのため、店や会社の詳細な情報や特徴を伝えるのに適しています。例えば、飲食店ではおすすめメニューを伝えたり、美容院などでは料金を伝える看板として利用されます。また、設置と撤去が簡単なため、「無料相談受付中」「キャンペーン実施中」といった期間限定のイベントでもよく利用されます。

繁華街では、中・小型看板で魅力ある情報を知らせることによって入店率を高めることができます。また、外から店内の様子が分からない店や、ラブホテルのように入り口付近でウロウロしたくない場合も、中・小型看板で店などの詳細を分かりやすくすることによって入店率を高めることができます。

空間の快適性を高め、客単価を高める小型看板

ここでいう小型看板は、店内で使用する看板を指しています。マーケティングの役割と

しては、例えば、見やすいメニュー板、値札、料金表などは購買行動をスムーズにします し、おすすめ商品などを示すＰＯＰは販売促進の効果を生みます。

小型看板は、トイレの案内板なども含みます。スーパーマーケットの売り場案内、役所や病院などの窓口案内、ショッピングセンターのフロアマップ、駅の路線図なども案内板の一種です。何が、どこにあり、どうすれば行けるか分かりやすくすることで、迷う人が減り、迷ったり探したりするストレスが減ります。こうして利用者の印象がよくなることで、リピート利用を促す効果が期待できます。集客施設や飲食店などの場合は滞在時間が長くなり、客単価が高くなる効果も見込めます。

小型看板（主に店内に設置する看板）の種類

・**ＰＯＰ**　店頭や店内の陳列棚に設置する小さい看板。商品の値段や特徴のほか、おすすめコメントや補足情報を伝えることで購入意欲を高める効果があります。

・**パネル**　イベントサインのような立て掛けるタイプの看板で、屋内で使用します。タレントやキャラクターの等身大パネルなどが一例です。

・**メニュー板**　Ａ型看板や黒板タイプのスタンド看板を使い、店内でメニューなどを掲示します。

・フロアマップ　大型施設で使用する店舗の案内板。全体図を伝えることによって施設の利用者が快適に利用できるよう助けます。

・その他の案内板　利用者に必要最低限の情報を提供するための看板。スーパーマーケットの陳列棚の案内板や、トイレや非常口の案内板などが一例で、分かりやすく表示することができます。

小型看板の活用例

小型看板は、活気ある売り場を演出したり、おすすめコメントなどによって売上向上の効果が狙えます。ドン・キホーテやヴィレッジヴァンガードのように、特に商品数が多い店舗では利用者がどれを買うか迷うケースが増えるため、ＰＯＰで商品説明することは有効です。利用者は興味ある商品を見つけやすくなり、商品を手にしたり、購入する可能性を高めることができます。

看板の使い分けで行動を後押し

種類について押さえたら、次に看板を出す目的に応じて、看板の使い分けを考えます。使い分けの基本的な考え方としては、ＡＩＤＭＡの法則を踏まえます。

ＡＩＤＭＡは、Attention（注意）、Interest（関心）、Desire（欲求）、Memory（記憶）、Action（行動）の頭文字を取ったもので、消費者の消費に至るまでの行動を一連の流れにまとめたマーケティングの基礎的な理論の一つです。

Attention（注意）　店、会社、商品、サービスを知らないお客さんに向けて、情報発信によって存在を周知する

Interest（関心）　存在は知ったものの、特徴や詳細を知らない人に向けて、興味をもってもらう情報を伝える

Desire（欲求）　特徴や詳細を知った人に向けて、より詳細な情報を伝えて、ニーズを満たせること、課題解決になること、購入する価値があることを理解してもらう

AIDMAの法則

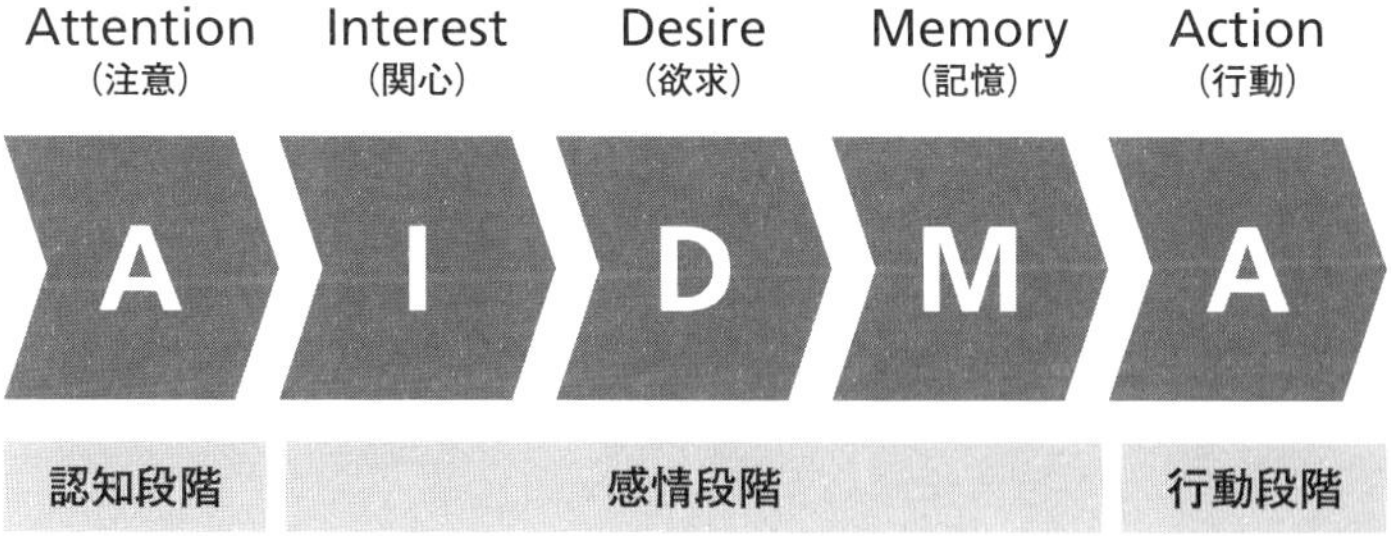

Memory（記憶） 店、会社、商品、サービスの記憶を定着させて、購入の意志を強めたり、購入意欲を持続させる

Action（行動） 購入してもらう

この行動を後押しするのが看板です。店や会社を周知し、興味をもってもらい、来店、入店を促すことが看板の役目です。

ＡＩＤＭＡに看板活用を当てはめると以下のようにまとめることができます。

Attention（注意） 屋上看板やポール看板など大型看板による周知

Interest（関心） 入り口に据え付ける平看板やテント看板など中型看板による案内

Desire（欲求） 店前に置くメニューを記したA型看板などによる詳細な案内

Memory（記憶） ここまでの流れで「どういう店か」「何を提供する店か」を認知

Action（行動） 入店、問い合わせ、購入、契約などに至る

ＡＩＤＭＡのゴールであるAction（行動）は、看板を出す目的に当たるものです。例として、「問い合わせしてほしい」「来店してほしい」「平日に来店してほしい」「リピート利用してほしい」「新商品を知ってほしい」といったことがAction に含まれます。

店や会社がお客さんに期待するAction はさまざまですので、まずは看板を出す目的は何かを決めます。そのうえで、看板の設置場所や使用する看板を決めて、お客さんがAction に向かう流れをつくり出します。

入店までの行動を看板によって誘導する

ＡＩＤＭＡを踏まえた看板活用の一例として、駅前に店を構えている居酒屋を考えてみます。店主は「仕事帰りの新規のお客さんに立ち寄ってほしい」と思っています。これが、

店主がお客さんに期待するActionです。駅から店までの距離は数百mで、周囲には競合店が何店舗かあります。この場合の看板活用は、次のような戦略が考えられます。

Attention（注意）

夕刻になると、会社帰りの人たちが駅から続々と出てきます。そのなかには、「どこかで一杯飲んで帰ろうかな」と考えている人もたくさんいます。

飛び込みで店に入ろうと思っているお客さんが入店する店の候補は、お客さんが認識できる店に限られます。路地裏においしい店があっても、お客さんがその店の存在を知らなければ入店することはありません。表通りに店があっても、居酒屋と分からなければ通り過ぎてしまいます。そのため、店側の看板戦略として、まずは店の存在を認知してもらう必要があります。ここで使えるのが、駅から通りを見通したときに目に入る袖看板や自立看板です。

Interest（関心）

袖看板などを見て「あそこに居酒屋があるな」と気づいたお客さんは、次に店に近づいて、どんな店か確認します。店前に立つお客さんは、安く飲めるか、つまみはおいしいか、落ちついた雰囲気か、きれいな店か、といったことを考えるでしょう。

そのような疑問に答えるため、店側は「どんな店」で「何を提供している店」なのかが分かる看板が必要です。「立ち呑み」「海鮮居酒屋」などと書いた平看板で店の業態を伝えることができますし、「海鮮居酒屋」であればアルミの看板ではなく木の看板を使うことで、よりおいしそうな印象を与えることができます。

Desire（欲求）

お客さんが「良さそうな店だ」と思ったら、入店に誘導するもう一押しが必要です。その役割を担うのがメニューなどを書いたスタンド看板や、のぼり旗などの中・小型看板です。ニーズを喚起すれば欲求は掻き立てられます。「安く飲みたい」と思っている人には「ビール１９０円」が刺さるでしょうし、おいしいものを食べたいと思っている人には「産地直送」「とれたて」「名物」といった言葉が刺さると考えられます。

Memory（記憶）

お客さんの「飲みたい」欲求を掻き立てれば、入店に至る確率はかなり高いといえます。ただし、お客さん側の事情として、手持ちのお金が足りない、用事がある、時間がないといった理由があり、その日に入店できないこともあります。

そのような場合は、次のタイミングで確実に入店してもらう施策が必要です。お客さんが次に店前を通ったときに「今日こそ、ここで飲んでいこう」と思い出してもらうことが大事ですので、看板戦略としては、思い出してもらいやすく、次の機会まで記憶に残るようなデザインやコピーを考えることが重要です。

Action（行動）

お客さんが入店してくれれば、「仕事帰りのお客さんに立ち寄ってほしい」という店主の目的は達成です。

次の目的として、リピートしてほしい、たくさん飲んでほしい、友人に広めてほしいといったことが考えられます。お客さんが「また来よう」「次はゆっくり飲もう」「友人を誘って来てみよう」と思ってくれるように、店内の居心地をよくしたり、利便性を高めたりといったことが、Actionまで到達した際の次の取り組みになるでしょう。

看板が動線を作り出す

ＡＩＤＭＡを踏まえる看板戦略は、簡単に言えば、集客したいお客さんの動線を作り、誘導することです。お客さんは、「何気なく看板が目に入った」「だから、ちょっと飲んでいこうと決めた」と思うかもしれません。しかし、看板を出す側から見れば、看板がお客さんの目に留まったことも、そこから店前、店内に誘導したことも、すべて計算で成り立っています。周知、認知、来店、入店という動線を作るために、戦略的に看板を置き、見せているわけです。

ここでは居酒屋を例に挙げましたが、ＡＩＤＭＡを踏まえた動線作りは、業種、業態、店や会社の規模が変わっても流用できます。メガネ店であれば、大型や中型の看板でメガネ店の存在を周知しておくことにより、「メガネが壊れた」「すぐに直したい」という状態になった人に「そういえば駅前にメガネ店があったな」と想起してもらえます。美容院も同様に、常日頃からおしゃれなファサードを見せておくことで「そろそろ髪が伸びたなあ」

と感じている人を引き付けられます。店前のスタンド看板で料金表やカットメニューなどを見せることで、「この店なら安心して切ってもらえそうだ」と感じさせ、入店を促すことができます。

大型店舗やチェーン店は、大きな街道沿いや駅のホームなどに目立つ看板を出しているケースがよく見られます。これもＡＩＤＭＡのAttentionに当たる戦略で、車を運転する人や電車で通勤する人に認知され、集客に結び付いています。

ちょっと大きいくらいがちょうどいい

看板でお客さんを誘導するためには、まずはお客さんが看板を見ることが大前提です。せっかくお金をかけて大小さまざまな看板を作っても、お客さんが見なければ動線は作れません。そこで重要となるポイントは３つあります。

１つ目はサイズです。サイズは、基本的には大きいほど目に留まりやすくなります。大型看板のように見る人との距離が遠くなる場合、想像しているよりも大きなサイズが必要です。例えば、畳一枚分くらいの大きさがあっても、50ｍ離れるとかなり小さく見えます。看板が多い繁華街では周りの看板に埋もれてしまうこともあります。

ある例では、店の入り口の上に掲げる看板を制作したことがありました。サイズは畳3枚分ほどです。この看板を店頭に掲げる前の状態で確認した店主は「これは大き過ぎる」「作り直したほうがいい」と言っていましたが、実際に掲げてみると「ちょうどいい大きさだ」と感想が変わりました。建物の壁面などに掲げる中型以上の看板は手元で実物を見たことがある人が少ないため、遠くからでもきちんと見える看板のサイズ感はなかなかつかみづらいものなのです。

道行く人の視線を考える

２つ目のポイントは、看板の向きです。看板は、見る人に対して正面になるように設置するのが理想です。

例えば、道を歩いている人は進行方向を向いて歩いています。基本的には前を見て歩いているわけですので、道に対して平行に据え付けられている看板は、歩いている人から見えづらく、店の前に来るまで気づかれなかったり、気づかれずに素通りされたりすることがあります。

そのため、道行く人に看板を見てもらうためには、道と店の向きに対して垂直になる袖看板などを使うのが有効です。または、店前にスタンド看板などを置き、文字を書いた面を歩行者から見える向きにすることもできます。

最も一般的な、平面のプレートで作るものを平看板と呼びます。店頭の看板が平看板の場合は、入り口にテント看板を据え付けて、横面にも店名や業態などを書いてアピールすることができます。

分かりやすい例が、お祭の屋台です。屋台の上部には、正面と横面に「ベビーカステラ」「焼きそば」「ヨーヨー」などと書かれています。左右からもどんな店か分かるようにして、縁日を歩いて来る人たちに店をアピールしています。

同様の発想で、平面的な店のファサードも、テント看板を歩道に突き出し、店の存在をアピールすることができるわけです。

看板の向きを、人の流れに合わせて変えるということも重要です。駅前を例にすると、朝は住宅街から駅に向かって人が流れます。昼間は駅に向かう人と住宅街に向かう人が同じくらいになり、夕方以降は駅から住宅街に向かって人が流れます。この流れを踏まえて、例えば、片面の立て看板は、朝は住宅街から来る人に向け、夕方は駅から来る人に向けます。このような小さな工夫も、お客さんに見てもらうための取り組みとして重要なポイントです。

距離を踏まえて文字サイズを決定

3つ目のポイントは視認性です。視認性は、確認できるかどうか、分かりやすいかどうかの度合いです。看板そのものの存在が認識できても、何が書いてあるか分からなければお客さんは呼べません。

お客さん目線で街中の看板を見ていると、視認性が悪い、見えづらいと感じるものを見掛けます。例えば、大きな道路沿いには店舗名や店までの道のりを示す野立て看板が設置されています。これらロードサイドの看板は運転している人の注意を引くことが目的ですので、大きめのサイズで作るのが一般的です。看板の文字が読めるかどうかは、文字の大きさ、見る人と看板との距離、見る人の移動スピードなどが関係します。

運転中の人とロードサイドの看板を考えてみます。

車で移動している人は、視界を遮るものがなければ、だいたい150mくらい先まで見通すことができます。看板の存在に気がついてから看板の横を通り過ぎるまでの時間は、時速50㎞で走っている車であれば約10秒、時速30㎞で走っている車は約18秒です。運転中の人は、店の150m手前から看板を認識したとして、この10～18秒の間に、入店するかどうかを決定することになります。

ロードサイドに店の入り口がある場合は、ウインカーを出したり減速したりする時間が必要になるため、さらに時間が短くなります。看板の存在に気づき、内容を理解し、行ってみようと判断し、ウインカーを出して曲がるといった作業をすべて含めると、看板の内容は3秒くらいで理解ができる分かりやすいものでなくてはなりません。

一方、人が認識できる文字の大きさ（文字の縦の長さ。文字高といいます）は、最低でも距離の約500分の1が必要といわれています。そのため、150m手前で文字を認識できるようにするためには、150m÷500＝0・3mで、一文字につき縦30㎝の大きさが必要ということです。立ち止まって看板を見る場合も、距離が遠くなるほど文字を大きくする必要があります。

看板との距離と文字の大きさの関係

視認距離	案内用図記号の基準枠寸法	和文の文字高	英文の文字高
遠距離（30ｍ）	360mm以上	120mm以上	90mm以上
中距離（20ｍ）	240mm以上	80mm以上	60mm以上
近距離（10ｍ）	120mm以上	40mm以上	30mm以上
近距離（5ｍ）	60mm以上	20mm以上	15mm以上
至近距離（1～2m）	35mm以上	10mm以上	7mm以上

国土交通省「公共交通機関旅客施設の移動円滑化整備ガイドライン」
「公共交通機関の旅客施設に関する移動等円滑化整備ガイドライン」より作成

道路標識を管轄する国土交通省のガイドラインによると、看板との距離と文字の大きさの関係は上の表のように設定されています。英文のほうが文字高が小さいのは、漢字などの和文と比べて画数が少なく、視認性が良いためです。

ここで挙げた距離を看板のタイプ別に分けると、次のようになります。

・**遠距離（30ｍ超）** 屋上看板、ビジョン看板、ポール看板、ロードサイドや線路沿いの野立て看板など

・**遠距離から中距離（30ｍから20ｍ）** 袖看板、自立看板、懸垂幕、横断幕など

- **中距離から近距離（20ｍから10ｍ）** ＬＥＤ看板、テント看板、カッティングシートなど
- **近距離（10ｍから5ｍ）** ファサード看板（平看板、木看板）、シャッターマーキング、のぼり旗、イベントサインなど
- **至近距離（5ｍ以内）** スタンド看板（立て看板、置き看板、Ａ型看板）、ＰＯＰ、パネル、メニュー板、フロアマップなど

設置環境によって視認性が下がることもある

文字高はあくまでも目安となるサイズで、看板の設置状況などによって視認性は変わります。例えば、十分なサイズがあり、目立つ看板を作っても、設置場所が悪いと街路樹などによって文字などが見えなくなる場合があります。スピードを出して通過する場所に設置すると、気づかれない可能性もあります。

また、野立て看板は地域によって規制があり、高さ5ｍ以下にしなければならないケースがあります。４ｍを超えると建築基準法上の工作物になり、確認申請のための書類提出や構造計算書の作成が必要となるのです。看板を低く設置すればこのような規制に引っ掛

かりませんが、看板下の雑草が伸び、看板が見えなくなることがあります。

電車から見える看板も視認性が大事です。駅のホームの看板は電車を待っている間にじっくり見ることができます。しかし、走行中の電車からだと看板は短時間しか見られません。たくさんの情報を書いても読みきれませんので、伝えたいことを絞り込む必要があります。

街中の看板も、見る人から遠い位置にある看板は情報量を絞り込むことが大事です。例えば、接骨院や美容院などでは、店舗の窓ガラスにカッティングシートを貼り、営業日、営業時間、メニュー、電話番号などを広告しているケースがあります。

1階の店舗であれば見る人との距離が近いため、細かな情報でも伝わります。しかし、2階の店で同じことをすると、距離が遠くなるため文字が読みづらくなります。また、高い位置にある看板は、お客さんが空を見上げるようにして文字などを読むため、太陽の光が反射して読みづらくなることがあります。窓ガラスに貼るカッティングシートは、奥の景色と文字のコントラストが小さい場合も読みづらくなるため、視認性を高めるための工夫として、文字を白色にするか、白以外の色を使う場合は文字に白い縁取りをするなどの工夫も必要になります。

第4章

看板マーケティング戦略：デザイン編

形、色、バランス……考え抜かれたデザインでターゲットの目を引く

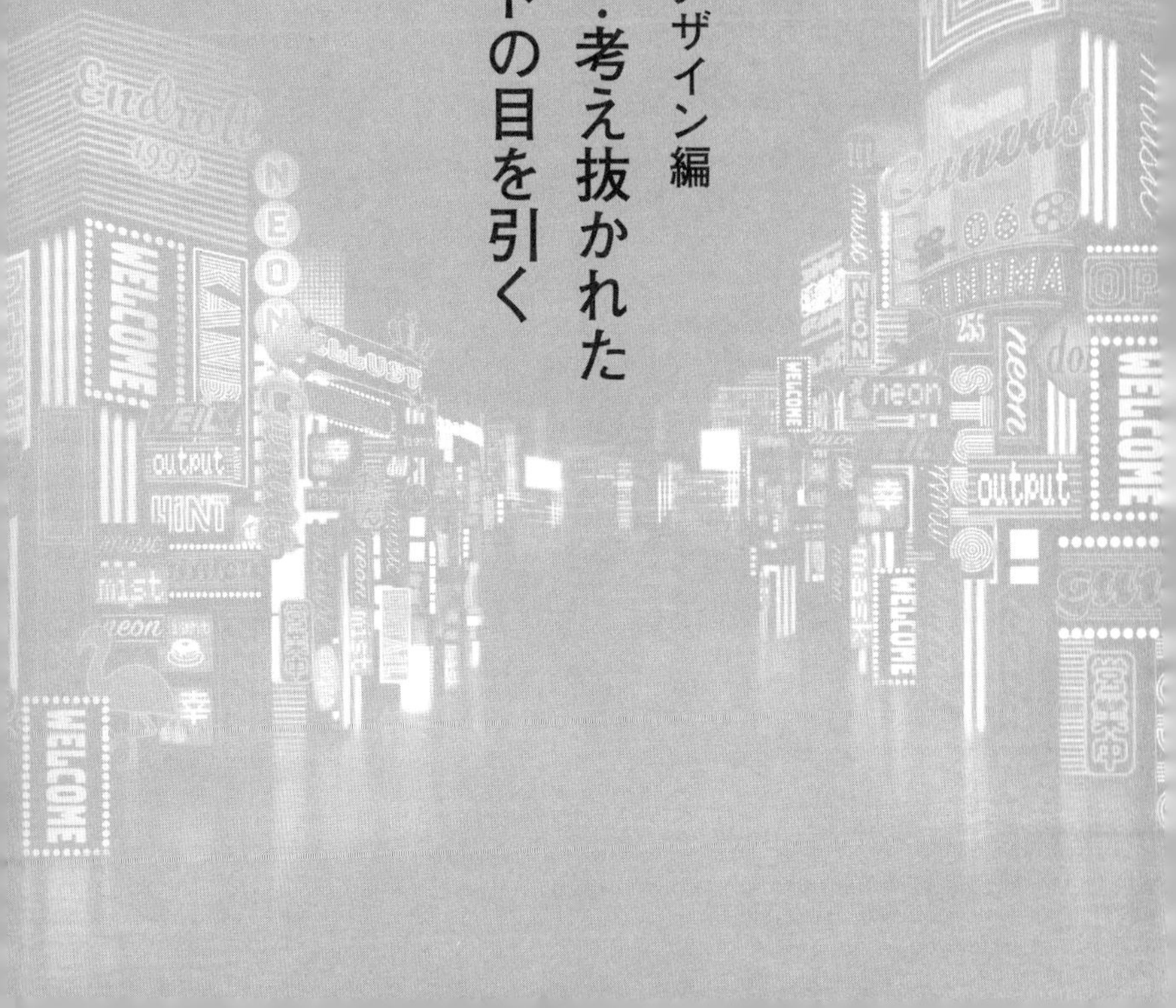

まずはターゲットを決める

看板のデザインは、道行く人に看板に気づいてもらうための要素です。店頭に掲げた看板を見て、通りすがりの人に「何の店だろう」と興味をもってもらうまでがデザインの役割です。

ただし、人の感性はそれぞれですので、同じ看板を見て興味をもつ人もいれば、もたない人もいます。そこで、デザインを考える際には、まず「誰に見てほしいのか」を考えます。マーケティング視点で、店や会社が呼び込みたいターゲットを絞り込み、その人たちが興味をもつデザインを考えるということです。看板は不特定多数の人が目にしますが、店や会社が呼びたい人は絞り込めるはずです。

例えば、歯科医院は働いているサラリーマンやＯＬを呼びたいと思っているかもしれませんし、近所に住む子どもたちを呼びたいと思っているかもしれません。洋服店も、中高生を呼びたいと思っている店があれば、近所の主婦層や高齢の女性を呼びたいと思っている店もあります。見てほしい相手は、時間帯によっても変わります。カフェバーであれば、日中はランチを食べる人たち、夜は飲みたい人たちなどが主なターゲットになるでしょう。ターゲットが見えてきたら、看板のデザインもイメージしやすくなります。例えば、客単価1万円のイタリアンレストランで、少しリッチな夕食を食べたい人たちをターゲットにするなら、看板も上品で高級感あるものに仕上げる必要があります。お客さんが支払う1万円は、料理やサービスの代金だけでなく、1万円の料理を楽しむ時間や雰囲気も含みます。そのために、外観や内装にこだわることが大事ですし、店の顔ともいえる看板もお客さんに満足してもらえるレベルにする必要があるのです。

歯科医院の場合も、近所の子どもたちを呼び込みたいなら、明るく、怖くない雰囲気の看板にする必要があります。そのための方法として、色使いを派手にしたり、親しみやすいキャラクターを作り、看板に表示したりといった方法が検討できます。

会社帰りの人を呼ぶのであればキャラクターは不要です。子どもっぽいデザインにすることで「あそこの歯医者は子ども向けなのだな」と思われ、会社員が敬遠することもあります。

実はここに気づいていない人は多くいるのです。

看板デザインを考え始めると、かっこいい看板にしよう、かわいい看板を作ろうと、店側の視点でデザインなどを考えてしまうケースがよくあります。

看板は単なる飾りではなく、お客さんを呼ぶという重要な役割を果たせるものでなければなりません。いくらかっこいい看板でも、伝えたいメッセージが伝わらない看板作りは、お金を捨てるようなものです。そのような失敗を防ぐために、まずは「誰に見てほしいのか」を考え、見てもらいたい相手を決めてから看板デザインを考えることが重要になってきます。

ターゲットを具体的に想像する

ターゲットを絞ったら、看板デザインをより具体的に考えるために、ターゲットについてもう少し深く掘り下げます。「リッチな人向けの高級感ある看板」や「子どもが和むかわいい看板」ではイメージが漠然としています。リッチな人はどんな点に高級感を感じるか、子どもはどんなものをかわいいと感じるかといった点を掘り下げるために、ターゲットについてもさらに掘り下げるわけです。

これはマーケティングで「ペルソナ設定」と呼ばれるものです。

ペルソナは、商品やサービスを買ったり使ったりする人の典型例です。実際には存在しませんがあたかも存在するかのような視点で「どんな人か」を考え、まずは基本情報として、年齢、性別、職業、家族構成などを想像していきます。役職、年収、趣味、住んでいる場所、価値観、休日の過ごし方、ライフスタイルなどを考えると、よりリアルなペルソナが設定できます。

看板デザインではそこまで深く設定しなくても構いませんが、基本情報のほかにも、趣味と価値観は設定するのがベターです。ペルソナが明確になれば、彼らが興味を示す看板デザインも浮かびやすくなり、結果としてターゲット層に刺さる看板が作れるようになります。

例えば、イタリア料理を食べに来る「リッチな人」のペルソナであれば、年齢がいくつで、年収がどれくらいかを設定してみます。すると、収入状況を踏まえたうえで商品やサービスの価格を設定しやすくなり、年齢を設定すると、年齢ごとの好みに合うメニューも作りやすくなります。

看板デザインでは、ペルソナ設定をした人の年齢や年収の層が読む雑誌や、彼らがよく通う店などを研究し、参考にすることができます。例えば、彼らがよく読む雑誌で特集されている店の記事などを見て、看板デザイン、店づくりのコンセプト、外観、内装などを参考にすることができます。

趣味や価値観の設定も大事です。例えば、「20代の女性の会社員」では、範囲が広く、どんなものを好むか絞り切れません。そこで「エコなものを好む」「北欧のライフスタイルに共感している」といったことを設定します。すると、エコに関心がある人たちがどんな店に通っているかが見えてきます。北欧の家具や小物などを扱う店が、どんな店構えで、どんな色の看板を掲げているかも分かります。そのような情報を踏まえて、自分の店や会社の看板デザインを考えることができるのです。

参考になる看板の例などがあれば、記事を切り抜いたり、店を訪れて外観の写真を撮っておいたりすると、看板業者に看板制作を依頼するときに役に立ちます。「かっこよく」「かわいく」といった言葉では伝わりにくい詳細なイメージが伝わり、思い描いている看板が作れる可能性が高くなります。

想像したターゲットに伝える

ターゲットが明確になったら、ターゲットに伝わりやすいデザインを考えます。そのためのポイントは「色」「文字」「個性」です。

【色】

色それぞれが与える印象を踏まえることが大事です。色味をもつ色を「有彩色」、黒、白、その中間のグレーを「無彩色」と呼びます。無彩色には色味がありませんが、他の有彩色との相性がよく、どんな組み合わせにも対応します。店名や社名の文字として黒文字や白抜きの文字を使うことが多いのも、どの色との組み合わせでも違和感を生まないためです。

有彩色

・赤

赤、緑、青の光の三原色の一つで、目立つ色です。元気な印象を与えるため、コーポレートカラーや飲食店の看板でよく使われます。マクドナルドは赤地ですし、居酒屋も赤い看板が多くあります。食欲を促す効果もあるといわれています。

また、白、黒、黄色との組み合わせによってさらに目立たせることができます。ただし、店名や社名の赤文字は「赤字」を連想させるという理由で敬遠されることもあります。

・黄色

光や太陽のイメージがあり、最も明るい色であることから、明るく元気な印象を与える色です。やはり飲食店などで多く使われています。赤ほど強く主張しない色ですが、主張が控えめな分、親しみやすさやかわいい印象を与えます。

色の組み合わせでは、黄色と黒の組み合わせが最も目立ちやすいため、危険な場所で注意を喚起する看板でもよく使われます。

・オレンジ

赤よりは落ちついた色味ですが、元気で活発な印象を与える色です。炎の色に近いため、温かい印象も与えます。オレンジも食欲を増進させる効果があるといわれ、吉野家をはじめ多くの飲食店の看板で使われています。

・茶色

自然に多く見られる色で、落ちついた雰囲気を与えます。木や土の色であることから温もりも感じさせるため、オーガニックの商品を扱う店などの看板にも使われます。また、安心感や安定感のイメージもあるため、老舗企業や歴史ある店の看板にもよく使われます。看板材料として木を使うのも、自然で優しい印象を与えるためです。

・ピンク

赤よりも女性的でかわいらしい印象を与えるため、女性向けの商品を扱う店や女性や子どもをターゲットとした店の看板でよく使われます。甘い色合いであるため、お菓子などを扱う店の看板でもよく使われます。ただし、薄いピンクは彩度が低いため目立つ看板を作る際には不向きです。

一方、濃い色のピンクはセクシーな印象を与えます。風俗店の看板の定番色です。

・紫

赤と青を混ぜた色で、神秘性をアピールできる色です。日本では古くから、高貴、高級といった印象も備える色です。ピンクと同様、女性向けの商品を扱う店でよく使われる色ですが、紫のほうが高級感と神秘的な印象を与え、大人の女性向きといえます。また、セクシーな印象を与えるため、クラブやスナックの看板でもよく使われる色です。

・青

三原色の一つで、目立つ色です。寒色系で、冷たさ、涼しさ、爽やかさをアピールできます。知的、清潔な印象を与えるため学習塾、病院や歯科医院、クリーニング店の看板などに使われます。また、落ちついた印象も与えるため、白と組み合わせて企業のロゴにもよく使われます。

一般道路の交通標識も青地です。青色には気持ちを冷静にする効果があるとされ、必要な情報を的確に伝える目的に向いています。赤系が食欲を増進させるのに対し、青系は食欲を減退させる色といわれているため、冷たい料理を提供する場合を除いて、飲食店ではほとんど使われません。

・緑

青と同様、三原色の一つではあるのですが、暖色と寒色の中間で、主張が控えめです。木、森、山などの自然を連想させる色で、癒し、安らぎ、リラックス効果を伝えたいときによく使われます。オーガニックな商品を扱う店や生鮮品を扱う店の看板では定番の色です。同じ自然を連想させる色でも、茶色より清潔感があることから、薬、衛生用品、健康食品のテーマカラーにも向いています。

また、深みがある緑は白とのコントラストが映えるため、スターバックスやサブウェイの看板などにも使われています。

無彩色

・黒

黒は明度と彩度がなく、堅牢で揺るぎない強さを感じさせる色です。無機質な印象を与え、性別では、どちらかというと男性に好まれる傾向があります。また、クレジットカードのブラックカードに代表されるように、高級感を示す色としても認識されています。男性的でかっこいい印象も与えるため、高級感ある洋服店などの看板によく使われます。

・白

黒の対極で、最も明るい無彩色です。白そのものには清潔感、純粋さ、美しさ、透明感といったイメージがあります。けがれがないイメージの色であるため、医療など衛生管理が重要な仕事などでよく使われます。

看板では白単体で使うことはなく、他の色との組み合わせのなかで、地色にして明るさを出したり、白抜き文字に使用して看板の文字を目立たせる役割を果たします。

・グレー

グレーは、黒と白の中間色です。濃いグレーは黒と同様に、揺るぎない強さを感じさせる色です。また、落ちついた上品な印象を与えることから、レクサスやメルセデスなど高級車のロゴとして使われています。金属の色であるシルバーと近いことから、都会的な洗練された印象も与えます。

どんな印象を与えたいか考える

看板の色選びは、店や会社のイメージに影響します。そのため、お客さんにどう見られたいかを考えることが重要です。「赤が好きだから」「ラッキーカラーが紫だから」といった理由で決めてしまうと、店や会社のイメージが間違って伝わってしまうことがあります。「誰に伝えるのか」を踏まえたうえで、自分が使いたい色ではなく、お客さんからどう見えるかを考えることが大事です。

色選びでは、業種や業態に合う色を選ぶことも重要なポイントです。例えば、飲食店の看板では暖色系がよく使われます。その理由は、暖色が食欲を増進させ、活気ある店という印象を与える効果が期待できるからです。また、お客さんの認知度もよくなります。駅前で赤い看板の店を見掛ければ、通り掛かった人は「居酒屋かな」「中華料理屋かな」と思うでしょう。

看板は、見てもらいやすくすることが基本です。その点から見ても、すばやく認知されるために、業種や業態でよく使われている色を踏まえることが大事です。業種や業態を踏まえる例としては、冷たいものや飲み物を売るなら寒色系、高級品を売るなら黒やグレー、医院や治療院などは白をベースとするといったことが基本です。

ただし、これはあくまでも基本です。あえて同じ業種や業態の店などと違う色を使うことによって、自社の看板を目立たせることもできます。例えば、中華料理のチェーン店である日高屋は、白地に黒い筆文字の看板です。

一般的には中華料理店の看板は赤と黄色が多く、同業種のチェーン店では、幸楽苑は黄色の地色ですし、餃子の王将は赤地に白抜きで王将と書いています。街中の個人の中華料理店も、ほとんどが赤系の色をベースに使っています。

その点から見ると、日高屋の看板は色使いという点で同業者と差別化を図っているといえます。私自身、日高屋が中華料理店だと知ったのはつい最近のことで、それまでは看板のイメージから、蕎麦屋だと思っていました。

良し悪しの両面がありますが、悪い面でいうと、同業種の店と違うタイプの看板は、一目で「中華料理屋だな」と認知してもらいづらく、「ラーメンが食べたいな」と思ってもらう効果が低下するリスクがあります。良い面としては、色味が違う看板は目立ちますし、目に留まりやすくなります。赤系の看板が多いなかでは白い看板が目立ちやすくなり、道行く人の目に入りやすくなるということです。

組み合わせのコントラストが目立ち具合を決める

店や会社として伝えたいイメージが決まり、テーマカラーとして使う色が決まったら、その色と組み合わせる色を決めます。看板は地色と文字（またはロゴやキャラクターなど）の色のコントラストによって見やすさが変わり、認知度も変わります。コントラストは色の対比のことで、明るい色と暗い色、鮮やかな色とくすんだ色といった組み合わせによってコントラストの差が生まれ、メリハリの大きさが変わります。

コントラストが大きい看板は目立ちやすくなり、文字の可読性（読み取りやすさ）も高くなります。そのため、看板を目立たせてより多くの人を集客するのであれば、コントラストが大きい色を使うのが基本です。

また、コントラストが小さい色の組み合わせは目立ちにくくなりますが、高級感を出すためにあえて似た系統の色を使うこともあります。ステンレスの看板に濃いグレーや白文字で社名などを書く看板がその一例です。目立つ力が弱く、遠くから認知するのが難しい反面、落ちついた雰囲気を与えますので、コントラストが小さい看板は店内の案内などにもよく使われます。

屋外や店前に出す看板は多くの人に見てもらうことが大事ですので、コントラストが大きい色を組み合わせます。

コントラストが大きい色の組み合わせとしては、黄色と黒、赤と白、青と白などが代表的です。

黒と黄色　タイムズ、クロネコヤマト、ロフトなど
赤と白　ユニクロ、コカ・コーラ、ビックカメラなど
青と白　大戸屋、ＧＡＰ、ローソンなど

また、屋外の看板は昼間と夜で光の加減が変わるため、コントラストの大きさも変わります。昼に目立つ色は赤、青、オレンジなどです。黒も目立つため、赤と青、オレンジと

コントラストの違い

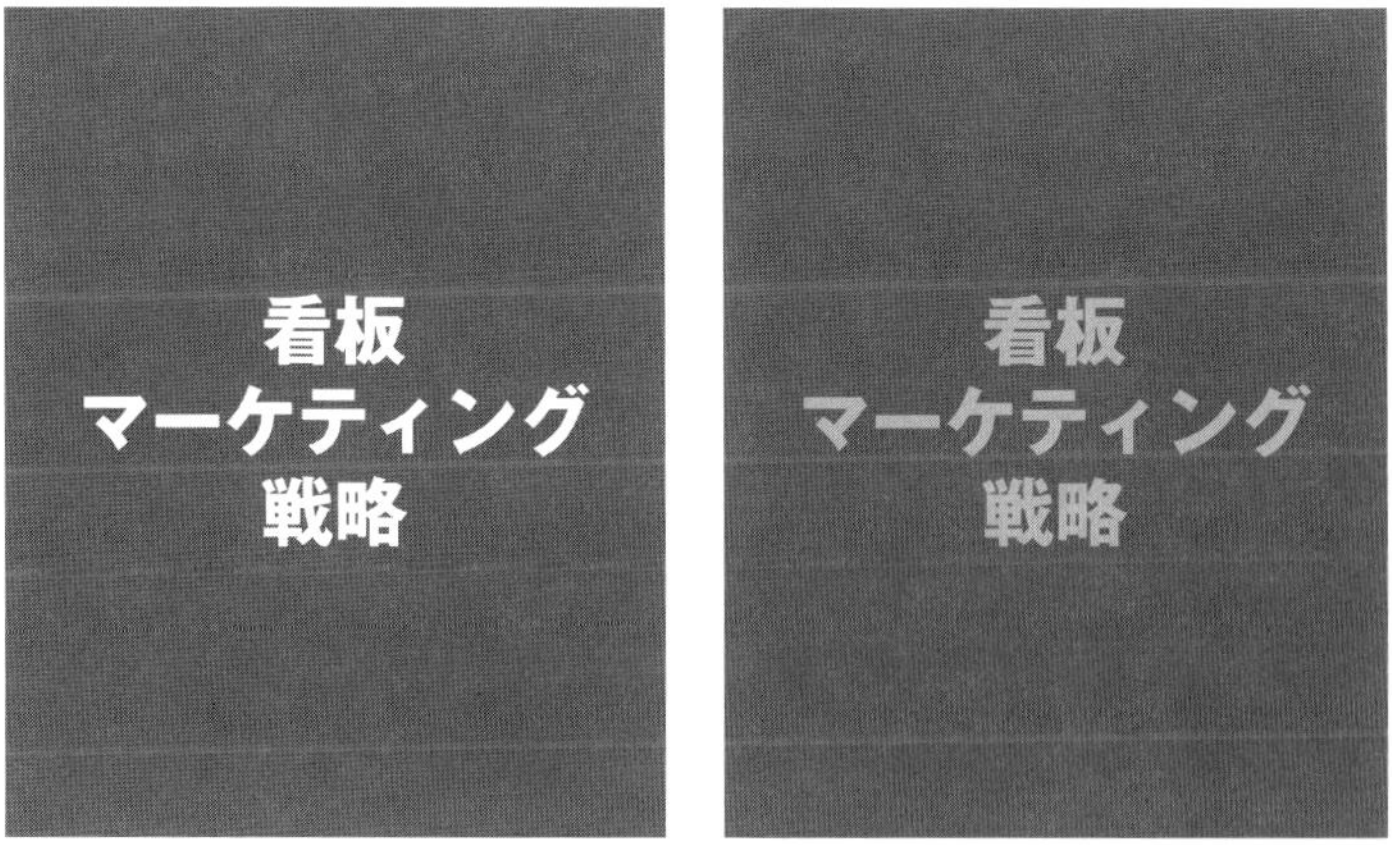

青などのほか、赤と黒などの組み合わせが考えられます。赤と青はペプシコーラが思い浮かびますが、理髪店のポールサインも赤と青です。交通標識やトイレの男女のマークなども赤と青の組み合わせで、重要な表示だからこそ目立つ色を使っているといえます。

昼間と比べて夜に目立ちやすくなる色は、黄色や黄緑です。また、昼に目立つ赤やオレンジは夜も目立つ色です。例えば、明け方まで営業しているドン・キホーテは黒地に黄色の文字です。マクドナルド、デニーズ、すき家は赤と黄色の組み合わせで、夜でも看板が目立ちます。

【文字】

看板を目立たせる２つ目のポイントは文字です。

文字は、何を書くかも重要ですが、デザインの観点では、文字の目立ち具合を決める大きさ、太さ、色、書体（フォント）の４つの要素が重要です。

大きさ

文字の大きさは、基本的には大きければ大きいほど目立ちやすくなり、認知度も集客数も売上も増えやすくなります。

集客や認知度向上を目的とするのであれば、文字は看板全体を使って大きくすることが大事です。

逆に、目立たせる必要性が低いのであれば、あえて文字を小さくすることで上品な印象を与えることができます。この点は、お客さんにどう見られたいか、どんな印象をもってもらいたいかを考えて判断することが大事です。

文字の大きさの違い

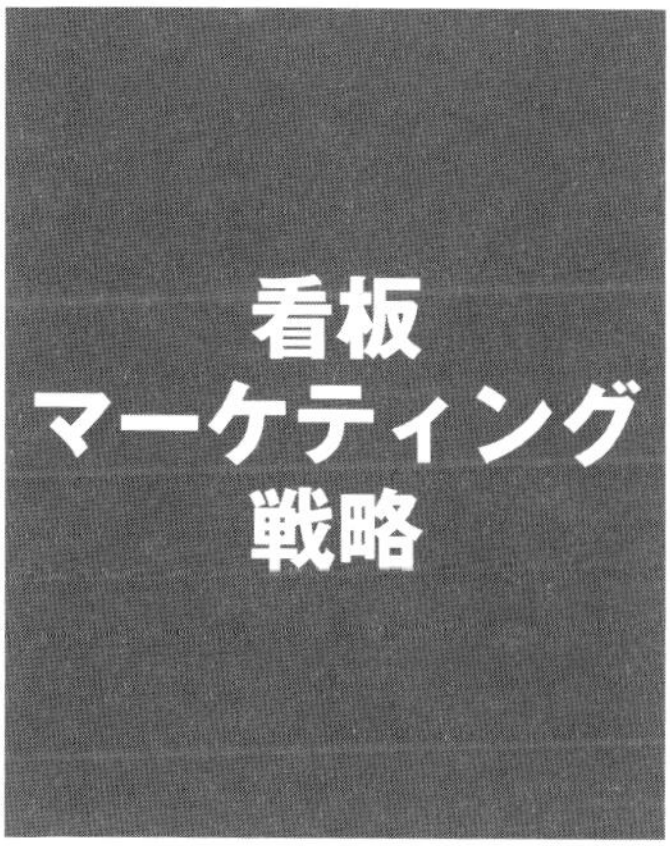

できる限り文字を大きくしようと考えると、看板そのものも大きくする必要があり、コストがかかります。そのため、大きな看板を一つ作るのではなく、小さな看板を複数作り、組み合わせて周知するほうがいい場合もあります。そうすることで費用が安く収まり、道行く人の目に留まる可能性が高くなります。

また、繁華街や商店街などにはすでに多くの看板があるため、大型看板一つだけではなかなか目にしてもらえません。このような看板激戦区では、大型看板はそれなりの大きさにとどめつつ、店前に置く中小型の看板なども使いながら、複数の看板で店名などを周知するほうが、お客さんに認知される確率が高くなります。

太さ

太さも大きさと同様、太いほど目に留まりやすくなります。目立たせたいのであればなるべく太く、目立たせる必要がないのであれば、細くして高級感や上品さを出すことができます。

文字を太くする際に注意したいのは、太くし過ぎると、遠くから看板を見るお客さんに認知される可能性は高くなりますが、文字の可読性は下がります。つまり、看板があることは分かるのですが、何と書いてあるか読めないということです。

文字が太くなると、線と線の距離が近くなります。「一」や「二」などの漢字は影響ありませんが、画数が多いほど線と線の間が狭くなり、遠くから見たときに文字全体が潰れて見えるのです。

書体（フォント）

文字の書体選びも、お客さんにどう見られたいかを考えることが重要です。店主や社長が自分で看板デザインを考える場合、「かわいい」「かっこいい」といった理由で書体を決めるケースがあります。そのせいで、店や会社のイメージが間違って伝わる可能性がありますし、看板に向かない書体を選んでしまうと可読性が下がり、伝えたいことが伝わらなくなることもあります。

看板はお客さんの目に留まらなければ意味がありません。看板の文字も、お客さんが読んでくれなければ意味がありません。見てもらうためにはデザイン、読んでもらうためには書体が重要で、「誰に伝えるのか」を常に念頭においておく必要があります。

その視点から見ると、デザイン性重視で、達筆な筆文字で店名などを書く看板は、見た目はかっこよく仕上がるかもしれません。しかし、何と書いてあるか分からなければ、集客や認知度向上の看板としては失敗といえます。

・可読性重視ならゴシック体

店名や社名を書く書体は、ゴシック体、明朝体、筆文字などの手書き書体の3つに分けられます。

ゴシック体は縦と横の太さが同じ書体で、明朝体よりも太く、筆文字などの手書き書体よりも読みやすいため、看板では最もよく使われています。つまり、可読性が優れているため、店名や社名がお客さんに伝わりやすいということです。また、可読性が良いため、ゴシック体は交通標識にも使われています。

細かく分けると、ゴシック体には角が角ばった角ゴシック体と、角が丸い丸ゴシック体があります。角ゴシック体は、かっちりして、かしこまった印象を与えます。ただ、カチッとしたイメージが不要な業種、業態でも、角ゴシックが違和感となることは少なく、どんな店や会社にも使いやすい書体といえます。丸ゴシック体は、親しみやすく柔らかい印象を与えます。そのため、女性や子どもに向けたかわいらしい商品を提供している店などでは、看板に丸ゴシック体を使うケースが多いといえます。

また、分かりやすさという点から見ると、問い合わせの電話番号などは目立ちやすくすることが重要です。

「行ってみたい」と思っても、場所が分からなければお客さんは来ません。詳細を調べる場合も同様に、ウェブサイトのアドレスなどが小さな文字で書かれていたり、読みづらい書体で書かれていたりすると、調べてみようという気持ちがなえてしまうでしょう。

そのため、お客さんに伝えたい情報はゴシック体が向いています。

・落ちついた印象を与える明朝体

明朝体は、縦が太く、横が細いのが特徴です。本書の書体も明朝体で、新聞記事など、長文の日本語を読ませる際によく使用されます。また、漢字や仮名文字に対応する書体ですので、横書きよりも縦書きのほうが見栄えが良くなります。

文字が与える印象としては、ゴシック体より落ちついた印象を与えます。そのため、弁護士や税理士など士業と呼ばれる業種の看板や、マンションやビルの建物名を示す看板など、表札の役目として掲げる看板には明朝体が向いているといえます。また、隠れ家的な店の看板も、集客ではなく表札としての意味合いが強いため、明朝体が向いているといえます。スナックの看板に明朝体が多く見られるのも、常連のお客さんが多いため、広範囲で集客するよりも表札として、営業中かどうかを知らせるための役割が強いためといえます。

一方、集客や認知度向上の観点から見ると、明朝体はゴシック体より細く、遠くから見る人の視認性と可読性が低くなります。集客や認知度向上の看板は多くの人に見てもらうことが大前提ですので、明朝体よりゴシック体や筆文字など手書き書体のほうが適しています。案内看板などもきちんと見てもらうことが大事ですので、視認性と可読性をよくするという点から考えれば、明朝体よりゴシック体のほうが適しています。

空港や駅の案内板でゴシック体を使うのも、そのほうが利用者にとって分かりやすいためです。

駅の看板に関しては、２０２０年に開業した山手線の高輪ゲートウェイ駅が、改札口の看板を明朝体にしたことが話題になりました。その他のＪＲの駅では角ゴシック体を使っていますが、高輪ゲートウェイ駅は和を感じさせることをコンセプトに掲げていたため、前例がない明朝体を採用したということです。

コンセプトを踏まえたり、個性を出すことは看板戦略として重要なことです。ただ、駅などは公共性が高いため、使いやすさや分かりやすさといったユニバーサルデザインの観点で、遠くから認識できるゴシック体が適しているといえます。

・個性が記憶に残る手書き書体

筆文字などの手書きの書体を使えば、個性的な看板を作ることができます。筆文字は木製の板との相性がよく、ゴシック体や明朝体などの活字フォントでは表現できない「かすれ」や、筆の勢い、はね、強弱を表現することで、印象に残る見た目になります。

また、明朝体と同様、筆文字は日本語や漢字に対応する書体ですので、基本的には縦書きに対応しています。焼き鳥屋などで見掛ける「備長炭使用店」の看板などの筆文字が映える好例といえます。焼き鳥屋のほか、寿司屋、ラーメン屋など職人気質が価値を高める業種や、柔道や空手の道場なども木の看板と筆文字が合います。その他の手書きの書体としては、ドン・キホーテやヴィレッジヴァンガードなどが店内ＰＯＰで使用しているオリジナルの書体があります。

手書き書体の注意点は、凝った書体やクセがある書体は可読性が下がる可能性があるということです。一方、手書き書体は温かみや親しみやすい印象を与えるため、お客さんに伝えたい雰囲気と書体の雰囲気が合致しているのであれば、店や会社の看板として使うこともできます。

・欧文の書体も3つに分けられる

英語などの欧文も、大きく3タイプに分けることができます。

1つ目はサンセリフ体。これは日本語のゴシック体のような書体で、縦横の線の太さが均一です。そのため、看板文字として使用すると視認性、可読性が良くなります。

2つ目はセリフ体で、日本語の明朝体のように縦が太く、横が細い書体です。サンセリ

代表的なフォントの種類

●和文	●欧文
角ゴシック体	Sans Serif
丸ゴシック体	Serif
明朝体	*Hikkitai*
手書き書体	

フ体と比べると落ちついた上品な印象を与えますが、線が細いため視認性、可読性は下がります。

3つ目は筆記体などを含むその他の書体。筆記体の分かりやすい例は、コカ・コーラ（英字）のロゴです。その他の書体の例としては、ディズニーやポール・スミスなどの手書き風の書体や、ツイッターやレゴなど独自のデザインの書体が挙げられます。

欧文は日本語と比べて内容が認識されにくかったり、筆記体などの書体は読み取りづらかったりするため、可読性という点では不利に働くことが考えられます。そのため、コカ・コーラなどのように社名そのものがロゴとして認知されている場合を除いて、欧文はひと目で分かる看板作りという観点から見ると適していません。ただ、欧文は和文に比べてスタイリッシュな印象を与えます。そのため、可読性よりもかっこよさやおしゃれさを打ち出したい場合は、あえて可読性を捨てて、見た目重視で筆記体を使うこともできます。

【個性】

看板を目立たせる3つ目のポイントは、個性を出すための工夫です。これは集客や認知度向上の効果が大きく、具体的な手法としては、看板を立体化したり、写真やイラストなどを入れるといったことが検討できます。

看板の立体化は、平面の看板に対する差別化になり、見る人の印象にも残りやすくなります。立体看板の例としては、かに道楽のかにや、づぼらやのふぐの看板などが挙げられます。大阪の道頓堀は立体看板の激戦区で、かにやふぐのほかにも、くいだおれビルのくいだおれ太郎をはじめ、たこ焼き、餃子、たこ、龍など個性ある看板が多くあります。

これらオブジェタイプの立体看板は、見る人に楽しさや活気ある印象を与えます。そのため、飲食店のほか、アミューズメント性が高い業種にも向いているといえます。例えば、パチンコ屋やラブホテルはオブジェ看板を使うところが多く、ボウリング場のピンの看板もあらゆるところで目にします。オブジェの看板は集客や認知度向上の効果が大きく、話題性もあります。

注意点としては、まず平面看板と比べるとコストがかかります。費用差は看板のサイズやオブジェの造形費用によって変わりますが、目安としては1平米あたり20万円くらいです。また、重量が大きくなるため、落下防止のためのメンテナンス費用もかかります。特にかに道楽のかにのような動く看板は可動部分に負荷がかかるため、故障を防ぐためのこまめなメンテナンスが必要になります。そのため、オブジェの看板を検討する場合は、それだけの費用や手間をかける効果が見込めるかどうかを考えることが重要です。

そこまで費用をかけられない場合でも、看板の文字を浮き上がらせ、立体文字看板にするだけでも目立たせることができます。平面に文字を書く看板と比べて高級感が出ますし、見た人の印象に残りやすくなります。ファサードに掲げる立体文字看板は、照明と組み合わせることによって、立体感をさらに高めることができます。ライトの色を変えて、昼間と夕方や夜の見え方を変えることも見た人の印象に残りやすくする方法の一つです。

社長の顔出しは自信と覚悟の現れ

写真やイラストの使用も看板を目立たせる工夫につながります。分かりやすい例は、社長の顔を前面に出しているアパホテルやいきなりステーキの看板です。代表、社長、店主などが顔を出すことで、他の看板との差別化になりますし、印象にも残りやすくなるでしょう。社長などの顔が認知されれば、店名や社名を忘れたとしても、社長が顔を出している看板の会社としてお客さんの記憶に残りやすくなります。

また、社長などが顔を出すとお客さんの評価も高まりやすくなります。顔を出すということは、何かあったときに自分が矢面に立つという覚悟の現れであり、正々堂々と事業をしている自信の表れでもあります。お客さんはそのような意図を感じ取るため、安心感が生まれ、評価が高くなりやすいのです。社長が看板に出ることは、社長自身を看板化することともいえます。

板やオブジェが人の代わりとなって集客や認知度向上の役割を果たすのが本来の看板です。しかし、看板娘という言葉があるように、社長などが有名になることで、人が看板の役割を果たすこともできます。看板は基本的には決まった場所から動きませんが、人は自由自在に動けます。メディアに出たり店頭に出たり、自由に動き、自由にアピールできます。見ず知らずの人が社長ですと名乗ってもあまり説得力はありませんが、看板で顔が売れていれば「看板の人だ」と認知され、お客さんは興味をもって話を聞いてくれるようになります。

看板制作の現場では、「恥ずかしいから」という理由で自分の顔を出すことを嫌がる社長などがたくさんいます。しかし、顔を出す効果は大きいものです。看板を通じて社長などの顔を広めることにより、モノである看板を擬人化でき、社長自身のブランド化もできるのです。

看板向きのイラストかどうか確認

社長など実在の人が出る看板ほどのインパクトはありませんが、イラストやキャラクターを使う方法も看板のインパクトを高める効果が期待できます。

例えば、ケンタッキーフライドチキンのカーネルサンダース像は知名度の高いキャラクター看板の一つです。ポンタカードが使える店にはポンタのＰＯＰなどがありますし、家電量販店にはダイキンのぴちょんくんやソフトバンクの犬のお父さんを使った看板があります。昔から親しまれているキャラクターとして、不二家の前に立つペコちゃん人形や、薬局前に立つ佐藤製薬のサトちゃんや興和のケロちゃんなどもキャラクター看板に含まれます。

これらキャラクターは、平面、立体を問わず、店や会社をひと目で認識するアイコンになります。キャラクターを知らない人には、何のキャラクターだろうという興味を惹き、店や会社の知名度向上に貢献します。また、「ペコちゃんがかわいい」「犬のお父さんがかわいい」と思ったお客さんに、キャラクターを通じて親しみをもってもらうことができ、キャラクターを通じてメッセージを発信することで、お客さんとの距離を縮めるコミュニケーションツールになります。このような効果を踏まえると、看板戦略では、看板娘の代わりを務められるキャラクターを開発するのが理想といえます。

ただし、その際にもやはり、お客さんにどう見られたいかを考える必要があります。洗練されたスタイリッシュな店にかわいい系のキャラクターは合いません。居酒屋やバーなどお酒を提供する店で、子どもをモチーフにするキャラクターを使ってもなじみません。お客さんは誰か、どんな人と、どんなコミュニケーションを取りたいのかといったことを明確にしたうえで、店や会社のイメージなどを正確に伝えられるキャラクターを作ることが重要です。

また、店主や社長のなかには「絵がうまい知り合いがいる」「イラストがうまい友達がいる」といった理由で、自分のコネクションを通じてキャラクターを作る人がいます。コネクションがあるのはすばらしいことです。ただ、イラストは小物や名刺で展開することが多いため、遠くにいる人にも周知する大きな看板には適していないことがあります。

例えば、パステル調の色を主としたかわいいキャラクターは、名刺などに使う分には良いアイコンになりますが、看板にすると色が薄く、目立たない看板になってしまうことがあります。それなら無理してキャラクターは使わず、目立つ文字だけにしたほうが結果としてマーケティング効果が高くなることもあるのです。

キャラクターやイラストのデザインと、看板のデザインは、どちらも大きな括《くく》りではデザインの分野です。しかし、看板を目立たせ、より多くの人に周知するためには、看板デザインならではのコツやポイントがあります。キャラクターなどを自作、または知り合いに頼んで作ってもらう場合には、看板の専門業者も交えて良し悪しや変更点を考える必要があります。

キャラクターはオリジナルであることが絶対条件

キャラクターを使用する際には、著作権を侵害しないことも重要です。著作権の侵害は、簡単にいえばデザインの「パクリ」です。例えば、ディズニーのキャラクターやアンパンマンのキャラクターなどを勝手に使い、看板にすることはできません。キャラクターにはそれぞれ、キャラクターを制作した人や会社に著作権があるからです。

看板制作の相談では、たまにこの点を理解していないか、甘く考えている人がいます。「たった数日のイベントだから」「地方の小さなお祭だから」といった理由で、ミッキーマウスやアンパンマンの等身大パネルを依頼してくる人がいるのです。当然、このような制作物は、作った人も使用する人も著作権法違反になる可能性が大きいため、お断りします。

看板の大きさや使用範囲の大きさを問わず、著作権を侵害した場合は訴えられる可能性があります。実際、札幌で行われた小さなイベントで、ミッキーマウスのパネルを勝手に使った広告代理店と、そのパネルを作った看板業者が訴えられたケースがあります。訴えられた場合は罰金や懲役刑もあり得ます。店や会社の信用も落ちます。

オリジナルとは微妙に違っても、明らかに真似しているキャラクターも訴訟の対象に含まれます。「パクる」ことには何ひとつメリットがありませんし、オリジナルキャラクターを作る場合、そのキャラクターデザインが著作権を侵害していないかどうか十分に気をつける必要があります。

デザインの著作権にも注意

キャラクターに限らず、他店や他社の看板デザインを「そっくりそのまま作ってください」と依頼するのも著作権侵害に当たります。

全く同じでなかったとしても、客観的に見て似ているものは著作権法違反に当たる可能性が高いといえます。例えば、人気居酒屋チェーンの店名を少しだけ変えて、看板デザインも似たようなデザインにするようなケースです。著作権法違反と判断されれば、せっかくお金をかけて作った看板を撤去しなければならなくなります。

看板は、業種や業態によってよく使う色があり、似てしまう可能性があります。目立つ看板を考えることは重要ですが、デザインを考える際には同業他社の看板を確認したり、看板制作の専門業者に相談したりすることも重要なポイントです。

著作権のほかに、商標権にも注意が必要です。商標権は、商品やサービスの名称などに与えられる権利で、同じ名前や似た名前を付けた別の商品やサービスによって、消費者が混乱するのを防いだり、先行して市場に出している店や会社の権利を守ったりする役目をもちます。

商標権は地域と業種によって権利が認められます。例えば、青森県で日本ガス株式会社という名称とロゴマークの商標権を取ったとします。このような名称は他の地域でも存在する可能性があるため、全国展開したい場合や他の地域に営業所を出したい場合などは、事前に商標権の有無を調べるのがよいでしょう。

第5章

看板マーケティング戦略：コピーライティング編

一言一句こだわったコピーでターゲットを集客する

引き付けたお客さんを引き込む

看板のコピー（文言）は、デザインで引き付けたお客さんを、より深く引き込むための要素です。

デザインにこだわり注目されることは大事ですが、それだけではマーケティングとしては未完成です。集客や認知度向上といった具体的な効果に結び付かなければ、ただの「面白看板」や待ち合わせの目印程度で終わってしまいます。

マーケティング視点の看板活用では、その先の一歩が重要です。

看板を出す店や会社には、入店してもらう、問い合わせしてもらう、店や会社について知ってもらうといった目的があります。ＡＩＤＭＡの法則でいうとAction（行動）に相当するものです。その目的を達成するために、コピーでお客さんを引き込みます。

ＡＩＤＭＡの法則を踏まえると、Attention（注意）とInterest（関心）は主にデザインの良し悪しで効果が変わる領域、その先にあるDesire（欲求）、Memory（記憶）、そしてAction（行動）が、主にコピーの良し悪しが影響する領域です。

ターゲット層に刺さるコピーを考える

看板デザインでは「誰に見てほしいか」を出発点に考え、見てほしいターゲット層に、見てもらいやすくするための工夫を考えます。

コピーについても同様に、見る人を意識することが大事です。

その際に踏まえておきたいことは、看板は地域性が高いマーケティングであることです。B to C、B to Bを問わず、看板を見る人は看板の前を通り掛かる人です。その人たちがどんな人で、どういう事情や状況で看板を見るかを考えることでターゲットが絞り込めます。

例えば、郊外の駅に近い場所で店を構える美容室であれば、看板で集客するお客さんの人物像としては「会社帰りの人」や「昼間に時間が空いた主婦や学生」などが浮かびます。繁華街の店であれば、「食事に行く人」のほか、「買い物ついでの人」「電車に乗って髪を切りにくる人」などが浮かびます。

ターゲットが見えてくれば、刺さるコピーも考えやすくなります。

時間の余裕がある主婦や学生であれば、ゆったりできる、くつろげるといった雰囲気を伝える言葉が刺さるでしょうし、忙しい人が多い地域であれば、すぐできる、待ち時間なしといった言葉が刺さりやすくなるのです。

店名や社名より業態の周知が大事

看板を見る人がどんな人か見えてきたら、彼らに「何を伝えるのか」を考えます。お客さんに伝える要素は以下の3つです。

・何屋なのか（業種、業態、存在の説明）
・何ができるのか（提供する商品やサービスの説明）
・お客さんにどう行動してほしいのか（Actionを促す）

まずは「何屋なのか」を伝える必要があります。個人商店の看板では、ここで失敗するケースがよく見受けられます。失敗例は、業種や業態よりも店名や社名を大きくしてしま

業態と店名の大きさの違い

うことです。そのせいで、店などの名前は分かっても、何屋なのかが伝わらないことがあるのです。

店主や社長としては、店名や社名を覚えてもらいたいと考えがちです。その思いが強いから、看板でも社名が大きくなります。しかし、お客さんが知りたいのは店名ではありません。その店のジャンルであり、飲食店であれば焼肉屋なのか寿司屋なのか居酒屋なのかを知りたいと思っています。そのようなお客さんには、自分の店が焼肉屋であることを第一に伝えなければなりません。

お客さんが「焼肉を食べていこうか」という気持ちになるのは、店名ではなく「焼肉屋」であると伝わるためです。重要なのは入店してもらうことであり、極論をいえば、店名は、店を出るときまでのどこかのタイミングで知ってもらえれば十分なのです。

ＢtoＢの看板でも似たような失敗が起きます。

会社名が前面に出ていたり、会社のロゴやイラストなどが前面に出ていたりして、最も肝心な「何の会社なのか」が分からないといったケースです。ビックカメラやソニーのように、誰もが店名や社名を知っているくらい有名な会社であれば、わざわざ「家電量販店」と書いたり、「家電やゲームを作っています」などと書いたりする必要はありません。また、店名や社名に「建設」「水産」「鉄道」「喫茶」などが入っている場合も、業態を書く必要性は低いといえます。

しかし、店名や社名だけで業態が分からない会社も多く見られます。興味をもってもらうためには何屋かを周知するコピーが必要です。「焼肉」「リフォーム」「文房具」「引っ越し」といった業態を分かりやすく示す言葉は、お客さんを引き込むために必要不可欠なコピーなのです。

分かりやすいコピーで誤解を解消

社名によっては、何屋なのか伝わらないだけでなく、業種や業態を誤解されることもあります。

その一例が私の会社です。私の会社の名前はオチスタジオです。この社名は父が個人事業として創業したときから続くもので、大切にしたい屋号でもあります。

ただ、問題があります。それは社名に「スタジオ」と付いているため、社名だけ聞いて看板屋だと思ってくれる人がほぼ皆無であることです。ほとんどの人が写真スタジオやカメラ屋と勘違いするため、「オチスタジオ」という社名を前面に出す看板を作っても、看板の仕事は入らないのです。

このような場合も、何をする会社かを伝えるコピーを入れる必要があります。

私の場合、看板やウェブサイトや名刺には、大きく「看板力」というコピーを入れています。看板制作の会社であることを前面に出すことによって、社名による誤解を減らしているわけです。

ちなみに「看板力」のようなコピーを使う場合、看板だけでなく、ウェブサイトなどお客さんの目に触れるすべての場所で同じコピーを使うほうが浸透しやすくなります。「焼肉」や「リフォーム」など、何屋であるかを強くアピールするほど、ベタな看板になりますし、それがダサいと思う人もいると思います。しかし、集客や認知度向上を目的とするのであれば、まずはお客さんに何屋か知ってもらうことが大事です。重要なのは、「焼肉を食べたい」と思っている人を「焼肉」というコピーによって着実に呼び込むことです。お金をかけて看板を作る効果という点から見ると、看板がダサく感じられるかどうかより、看板によって入店してもらうというAction に結び付けることのほうが重要となります。

業務内容を伝えてニーズを意識させる

「何を伝えるのか」を考える2つ目の要素は「何ができるのか」で、これは業務内容の紹介です。

看板を集客や認知度向上に結び付けるためには、ここも明確に書くことが重要となってきます。看板を例にすると「看板」と書くだけでは業務内容があいまいです。看板はビルの屋上などに据え付ける大型看板から店前に出す小さな看板まで多種多様ですし、看板制作に関しても、看板のデザインから据え付けまでさまざまな業務があります。そのため、看板に関してどんな仕事をしているのか、どんなことができるのかなど、その詳細を知ってもらうために何ができるかを伝えることが大事なのです。

具体的な内容としては、屋上看板、ビジョン看板、デジタルサイネージ、自立看板、カッティングシート、窓ガラス文字など、受託できる看板の種類をなるべく多く書いたほうが詳細は伝わります。

業界内では、ビジョン看板とデジタルサイネージはほとんど同じで、カッティングシートと窓ガラス文字も同じ仕事を指していますが、スペースに余裕があるのであればどちらも入れたほうがお客さんには伝わりやすくなります。業界内にいる我々はカッティングシートも窓ガラス文字も分かりますが、お客さんはカッティングシートという言葉を知らない可能性があるからです。そのような人も、「窓ガラス文字」という分かりやすい表現があれば、お客さんとして引き込むことができます。

水道修理業者なども、水道工事と書くだけでは何ができるかがあいまいですが、「配管交換」「トイレのトラブル」「水漏れ対策」などと具体的な仕事の内容を書くことにより、どんな業務ができるかが分かり、依頼しやすくなります。

自動車整備業者、外装や内装の工事業者、不動産屋、リサイクル業者なども同様に、何ができるかを伝えることで会社の業務が見えやすくなります。

お客さんのなかには、「トイレの詰まりを直してほしいけど、この業者に問い合わせていいのだろうか」「うちはトイレはやっていません、と断られたらどうしよう」などと考える人が一定数いるものです。そのような人が気軽に相談できるように、何ができるかを伝えることが重要なのです。

飲食店の場合は、メニューの一部を見せることによって「何ができるか」を紹介できます。例えば「中華料理」といっても、ラーメンやチャーハンが食べられる大衆的な店もありますし、円卓を回すような会食向けの高級店もあります。そのような特徴を知ってもらうために、大衆的な店なら人気メニュー、会食向けの店ならコースメニューなどを紹介することができます。

コピーの話ではありませんが、何ができ、何が食べられるかをよりリアルに知ってもらう方法として、食品サンプルを使う方法もあります。デパートのレストランなどでショーウィンドー（サンプルケース）に並べる食品サンプルは、ひと目見るだけで何が食べられるかが伝わります。また、リアルなサンプルが食欲を刺激し、「この店で食べよう」と思わせる入店促進の効果を生むという点で、非常に優秀な看板の一つといえます。

どんなニーズが満たせるか

「何ができるのか」を考えると、伝えたいことが多過ぎて、どの業務を優先して伝えたらいいか迷うことがあります。

看板のスペースは限られていますので、なにもかも書けるわけではありません。書くことが増え過ぎると、文字が小さくなって視認性が低下しますし、情報量が多過ぎるせいで、結局何屋なのかが分からなくなることもあります。

そのような場合は、コピーを考える出発点「誰に見てほしいか」に立ち返って、お客さんが何を求め、どんなニーズをもっているかを考えてみます。

例えば、ホテルのバーではお酒が飲めます。きれいな夜景を見ることもできます。「何ができるか」を考えると、お酒が飲めますし、夜景を見ながらくつろぐこともできるため、どちらを優先すればいいか迷います。

キャッチコピーの違い

「どのホテルのバーで飲もうかな」と迷っている人は、通常は、夜景を見ながらゆっくりとした時間を過ごしたいと思っています。お酒が飲みたいだけであれば居酒屋でもいいですしホテルの部屋で飲むこともできるからです。

そう考えると、このお客さんのニーズは「夜景」であると分かり、看板に「夜景」の二文字があることで、お客さんを引き込むことができます。

どんな人でも、ニーズがなければお客さんにはなりません。

喫茶店に入る人はコーヒーなどを飲んで休憩したいというニーズがありますし、水道業者に問い合わせる人はトイレを直してほしい、自動車整備工場に電話する人は車検を通したい、不動産屋に電話する人は快適に住める部屋を探したいなどといったニーズをもっています。そのようなニーズをコピーとして言語化することで、問い合わせや入店の後押しをすることができるのです。

潜在的なニーズを掘り起こす

お客さんの目線で「何ができるのか」を考えていくと、お客さんが気づいていないニーズを掘り起こすこともできます。

例えば、焼き鳥屋の鳥貴族は看板に「全品298円均一」と掲げています。このコピーによって、「安くておいしい焼き鳥を食べたい」と思っている人たちを呼び込むことができます。これは顕在化したニーズをつかむケースです。

一方で、会社帰りにたまたま看板を見掛けた人や、飲んで帰ろうとは思っていなかった人に対しても「298円は安いなあ。ちょっと飲んで帰ろうかな」と思わせることができます。これは潜在的なニーズの掘り起こしです。

他業種では、整体とマッサージ店のりらくるは、店前の看板などで施術時間と料金を大きく宣伝しています。これも「空き時間で気軽にマッサージを受けたい」「低料金で体をほぐしたい」といったニーズを喚起するためのものです。安さや早さのほかにも、気軽さ、くつろぎ、おいしさ、静かさ、きれいさなどもニーズ喚起のコピーになり得ます。

どんなコピーが潜在的なニーズを掘り起こせるかは、呼び込みたいターゲット層を明確にすることによって見えてきます。彼らがどんなニーズをもっている人たちか把握し、そのニーズを刺激するコピーを看板に使うことによって、ニーズが顕在化していない人たちも呼び込むことができるのです。

夏場によく見掛ける「冷やし中華はじめました」の張り紙も、潜在的なニーズを掘り起こす看板の一つです。この張り紙を見ることにより、お客さんは「もう夏だなあ」「冷やし中華の季節だなあ」と気づきます。そして、張り紙を見ることによって冷やし中華を食べたいというニーズが喚起され、「食べていこうかな」と考えるのです。

商品やサービスで競合との差別化が難しい場合、例えば、深夜営業の店なら「深夜までやっています」「24時間営業」といったコピーでお客さんを呼び込むことができます。

繁華街の店で、どの店も待ち時間が長くなるなら、「座席数１５０席」といったコピーが刺さるでしょうし、昨今は多くの店が禁煙になりましたので、「タバコ吸えます」「喫煙ルームあり」「分煙」といったコピーも愛煙家には刺さります。

整骨院や整体院なら、保険適用、支払いについては「クレジットカード可」「分割払いOK」なども他店との差別化につながるコピーです。地方であれば「駐車場完備」なども車移動する人を呼び込むコピーになります。

Actionに結び付くコピーを打ち出す

3つ目は「お客さんにどう行動してほしいのか」です。看板は、店や会社が期待する目的（Action）に結び付けることが大事ですので、ここも明確に書く必要があります。

Actionの例としては、問い合わせ、来店、入店、購入、契約などがあります。

問い合わせであれば、お客さんにどう行動してほしいのかを考えて、電話してほしいなら電話番号、メールで問い合わせてほしいならメールアドレス、ウェブサイトを見てほしいならウェブサイトのURLを書きます。「相談無料」「お気軽にお越しください」といったコピーも、問い合わせのハードルを下げることができます。来店を促す場合は、営業時間や定休日などの基礎情報も不可欠です。

また、フリーダイヤルもActionを促す有効な手段です。フリーダイヤルの「０１２０」から始まる番号は、それ自体が強いメッセージ性をもつコピーです。０１２０は、ひと目でフリーダイヤルと分かりますので、「タダ」「お得」ということが伝わります。それだけで、興味をもったお客さんに「電話をかけてみようかな」と思わせる動機付けになります。また、電話をかけるお客さんは無料ですが、その費用は店や会社が負担していますので、店や会社が費用を負担してでも「お客さんに来てほしい」「連絡を待っています」と思っていることが伝わります。

一つ注意点があるとすれば、０１２０から始まる番号はフリーダイヤルであると認識されやすいのですが、同じフリーダイヤルでも「０８００」から始まる番号はフリーダイヤルと認識されづらいという点です。「０８０」から始まる番号は携帯電話でも使われてきたため、せっかくフリーダイヤルを用意しても「携帯電話か」と思われる可能性もあります。この場合は電話番号の近くに注意書きとしてフリーダイヤルであることを伝えるコピーが欲しいところです。

今は新規受付を終了している００７０、００７７、００８８についても、フリーダイヤルであることを補足するコピーがあったほうがいいといえます。

来店が目的なら、場所の案内が必要です。看板を置く場所から店や会社までの距離が近いなら地図を書いて案内することができますし、ロードサイドの看板のように店や会社まで距離があるなら「次の角右」や「次の信号を左へ」といったコピーで来店を促しやすくなります。モデルハウスやショールームなどであれば「見学自由」といったコピーで入店のハードルを下げることもできます。店や会社から離れた場所に置く看板は、このような案内が重要です。

看板に気づき、「行ってみたい」と思わせたとしても、場所や連絡先が分からなければお客さんは行動できません。ＡＩＤＭＡのAction をマーケティングのゴールと位置付けると、Action するための案内は必須です。色や大きさを工夫し、分かりやすく書くことが大事ですし、Action を促すコピーを書くことが理想です。

「皆さん」から「あなた」に絞り込む

看板でお客さんのActionを誘導する際には、お客さんがどんな状態で看板を見ているかを想定して、コピーを変えることも重要なポイントです。

基本的な考え方としては、まず店や会社から遠い場所にある看板や、より多くの人が見る看板、サイズが大きい看板には「大勢に向けたコピー」が向いています。

一方、店の中にある看板、店や会社の近くにある看板、見る人が少ない看板、サイズが小さい看板には「少数、または個人に向けたコピー」が向いています。

ＡＩＤＭＡを踏まえて使い分けを考えると、Attention（注意）やInterest（関心）のための大きな看板は大勢向け、Desire（欲求）を掻き立てたりActionに結び付けるための小さな看板は少数や個人に向けたコピーを書きます。

ドラッグストアを例にすると、「駅前すぐ」「この先の角を左」といったコピーは大型看板に使うコピーで、駅や大通りを通る大勢の人を対象にしています。大勢向けのコピーにすることで、ドラッグストアの存在が周知でき、「そういえばトイレットペーパーがなかっ

「あなた」に向けたPOP

たな」「目薬を買っていこう」といった関心を引くことができます。

関心をもった人は、ドラッグストアの前にやって来ます。そこには「本日特売日」「ポイント5倍」といった案内があります。これらは買い物をしようと考えている人やポイントカードをもっている人に向けたコピーで、駅前やロードサイドの看板よりも対象としている人は少数です。「お得だな」と感じた人は店内に入るはずです。そこには、「店長おすすめ」「スタッフオススメ」と書いたPOPがあります。

あるいは、「肌の悩みありませんか?」「乾燥肌で悩むあなたに」といった問い掛け、呼び掛けのコピーも並んでいます。これらは、店内の商品に関心をもった個人に向けたものので、買いたい欲求を掻き立て、購入に結び付けます。

このように、看板のコピーはお客さんがどんな状態で看板を見ているかを踏まえることが重要です。お客さんが商品を買う可能性は、店との距離が近づくほど高くなります。この変化に合わせて、コピーで呼び掛ける対象も「皆さん」から「あなた」へと絞り込んでいくと、看板マーケティングの最終ゴールであるActionにつながりやすくなるのです。

余計なコピーは入れない

コピー制作で伝えることは3つです。

まずは「何屋なのか」を伝え、「何ができるのか」を伝え、「お客さんにどう行動してほしいのか」を踏まえて、Actionを促します。

私の会社を例にすると、「オチスタジオ」では何屋か分かりませんので、看板屋であることを伝えます。

看板ではあいまいですので、具体的な業務内容を伝えます。そのうえで、連絡先や地図などを入れて、問い合わせや来店に結び付けます。言い換えれば、それ以外のことは特に書く必要がなく、書かないほうがいい場合もあります。なぜかというと、看板に詰め込む情報量が多くなるほど、視認性が悪くなるからです。

看板のスペースは限られていますので、それほど重要ではない情報を入れると、その分だけほかのコピーを小さくしなければなりません。全体的に文字が小さくなり、情報を読み取るのに時間がかかりそうだと思われると、見てもらえなくなる可能性も高くなります。

例えば、病院や歯科医院の看板では、医療法人○○会△△内科クリニックといった医療法人の名前が入っているものがあります。

看板を見る患者側から見ると、医療法人名の部分はあってもなくてもいい情報といえるため、そういう情報は入れないほうがよいと考えられます。そのスペースがあるなら、病院や歯科医院であることを強調するコピーを大きくしたり、営業時間や定休日などの基礎情報や、「インプラント」など治療内容が分かるコピーを目立たせたりするほうが集客や認知度向上の効果は大きくなります。注意点として、病院や歯科医院などは医療法により広告可能事項が限定されています。記載できる情報は、医師や歯科医師の名前、病院など

情報量が多い看板、少ない看板

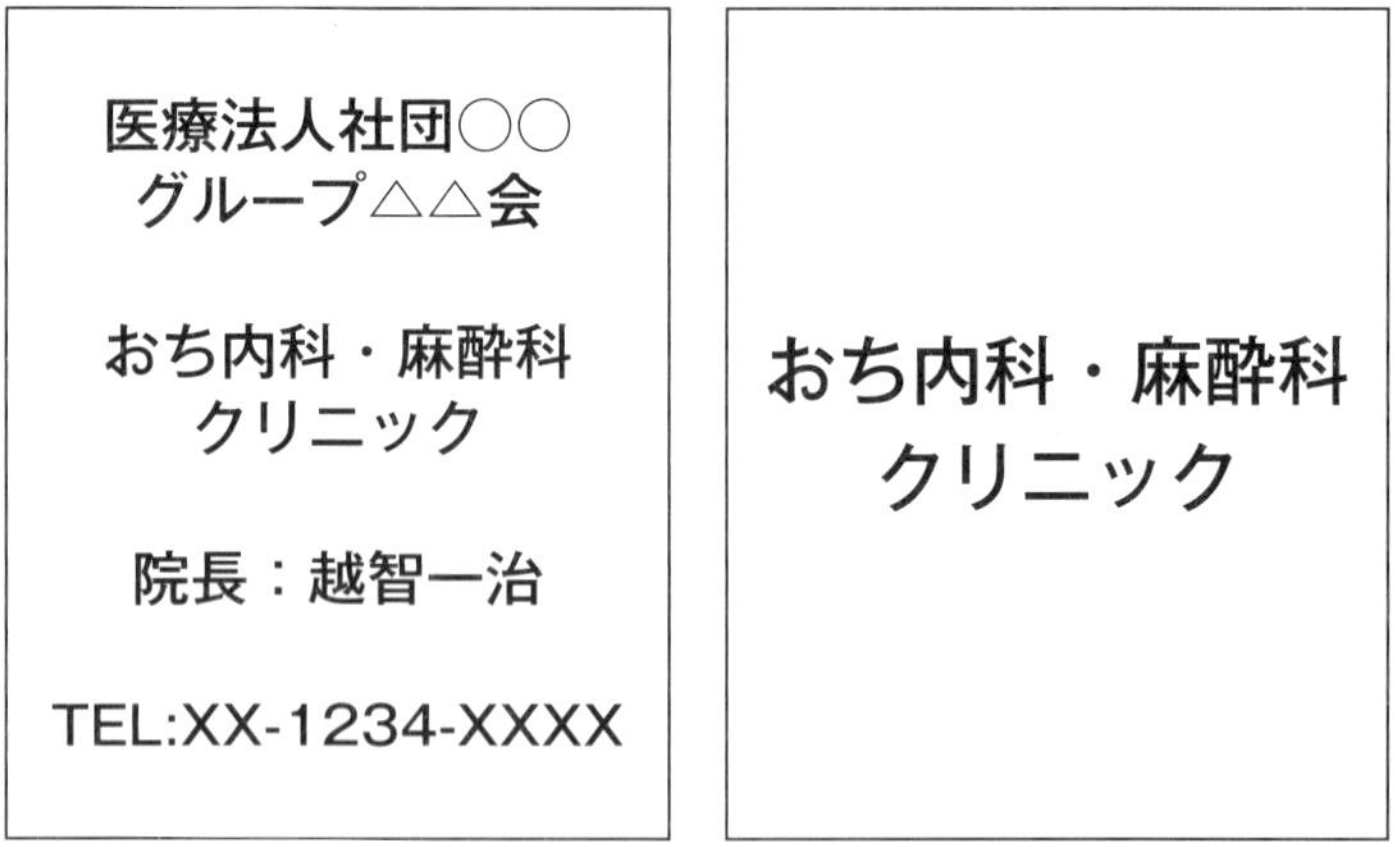

の名称、診療科目、診療日と診療時間、電話番号などに制限されています。

特に駅前や通り沿いに出す看板は、店前の看板よりも見る人との距離が遠くなります。遠ければ遠いほど小さな文字は読みづらくなるため、情報は絞り込むことが重要です。

また、ロードサイドや線路沿いの看板は時速数十㎞で通り過ぎながら見るものです。移動中の人の目に留まるようなデザインの工夫も重要ですし、目に留めた人に伝えたいことを一瞬で伝えられるように、情報を絞り込み、コピーを練る必要があります。

看板戦略としては、ロードサイド、線路沿い、歩くスピードが速い街中の看板などは必要最低限の情報に絞り込み、伝えきれなかった情報は、店前の看板などで補足すると いった組み合わせを考えることも重要です。

ちなみに、お店から離れた場所に建てる看板は、基本的には他人の土地を借りて建てる ことになります。その際に注意したいのは、看板設置を依頼する業者の選定です。という のも、看板業界には「媒体屋」と呼ばれる悪質な業者がいるからです。

例えば、顧客である店や会社から土地のレンタル料として媒体料を徴収したにもかかわ らず、そのお金を媒体屋が地主に支払わず、トラブルになることがあります。地主からの クレームが店や会社に来ることもあります。無用なトラブルを避けるためにも、業者の選 定は慎重に行うべきです。

第6章

看板マーケティング戦略：効果測定編

看板設置後の効果測定で、効果を120%引き出す

看板は育てるもの

デザインを工夫し、コピーを練り、看板を出す。そこが看板マーケティングのゴールだと思っている人はたくさんいます。看板さえ出せば、あとは看板が自動的にお客さんを呼び続けてくれると思っている人もいます。しかしそれは間違いです。看板は、出して終わりではありません。そもそも、終わりがありません。

なぜなら、マーケティングの手法が常に変化し、進化していくように、看板を使うマーケティングも常にアップデートし、その時々の店や会社の状況、経営方針、戦略などに合わせながら、看板のデザインやコピーも変えていくことが大前提だからです。

例えば、店頭の看板をリニューアルしたものの、集客や売上が伸びなかったとします。その時に「仕方がない」「そんなもの」と思ってしまうのは、看板マーケティングの最大の失敗です。

看板を出す店や会社には、集客数を増やす、売上を伸ばす、認知度を高める、客単価を上げるといった目的があります。その目的をきちんと達成するために、効果が出ていない看板を見直し、改善することが大事です。

効果が出ない原因は、看板の色かもしれませんし、コピーかもしれません。駅前などから店の前までお客さんを連れてくる動線が悪いのであれば、途中に看板を増やすことで効果が出るようになるかもしれません。原因に目を向ければ解決策を考えることができ、目的達成に近づくことができます。

看板マーケティングの失敗は、効果が出ない看板を作ってしまうことではありません。効果を生まない看板を放置して、効果が出ないままにしてしまうことが失敗なのです。

期待した効果が出ている場合も、さらに一歩先を考えます。例えば、店や会社の認知度向上のために看板を作ったとします。デザインやコピーがうまく刺されば、店名や社名は周知されていきます。

重要なのは、その次の一手です。認知度が高まったのなら、認知度向上のための看板はすでに役割を果たしたことになります。そのまま置いておいても新たな効果は生みませんので、次の施策として集客数を増やす、客単価を上げる、ということを目的に掲げて、看板を作り替える必要があります。

期待通りの効果が出ない場合は、１００％の効果を出すためにどうするか考えます。期待どおりの効果が出るようになったら、120％の効果を引き出すためにどうするか考えます。この繰り返しによって看板を育てていくことが看板マーケティング戦略の基本的な考え方です。

看板マーケティングのPDCA

看板の効果を高めるための改善方法は、改善プロセスの王道であるPDCAサイクルを踏まえると分かりやすくなります。看板のPDCAは、以下のように説明できます。

Plan（計画） 集客や認知度向上のための看板作り計画を立てる
Do（実行） 計画に基づいて看板制作を実行する
Check（評価） 期待した効果が得られているか評価する
Action（改善） 効果が出ない原因や効果アップの施策を考える

看板マーケティングの失敗は、PとDで終わってしまうことです。デザインやコピーを考えるのがＰ、看板を作り、店前、駅前、ロードサイドに出すことがＤで、次のＣにつながっていません。

言い換えれば、Ｃにつなげる流れをつくれば、Ａにもつながりやすくなります。改善点が見えればＰに戻って改善策を考え、ＰＤＣＡが回るようになります。この流れを生み出すために必要なのは、以下の２点です。

1　効果を測定するための評価基準を明確にする
2　評価を踏まえた改善を仕組み化する

評価基準を作る

1の「評価基準」は、看板を出す前と出したあと、また、改善する前と改善したあとの変化を見るための指標です。

店内や社内で明確にしておく指標としては、店舗の場合は来店客数や客単価、会社の場合は問い合わせ数や資料請求の件数などです。また、売上、利益の推移も測定します。

これらは日々の経営でも重要なＫＰＩ（Key Performance Indicator）ですので、すでに測定しているケースが多いものです。その数値を、看板マーケティングと組み合わせて考えます。つまり、看板を出したり、増やしたり、変えたりしたときに、その影響がどう現れるかを見て看板の効果を考えます。

ＫＰＩが多いほど看板の効果が細かく分析できます。そのため、ウェブサイトがある場合は閲覧者数の推移、店舗ではリピート利用率、回転率、物販の場合は契約率、解約率、クレーム件数などを測定すると、看板改善の影響や関連性をより詳しく把握できるようになります。

店外や社外の評価基準としては、お客さんの情報が重要です。

まずは来店や問い合わせをしたお客さんの年齢層や性別を測定します。来店や問い合わせを時間帯で区切り、どの時間に、どれくらいの来店や問い合わせがあるか把握しておくことも大切です。

また、店や会社を知ったきっかけも把握しておく必要があります。看板を見て知ったお客さんがどれくらいいるかを把握しておけば、看板デザインを変えたり、看板の数を増やしたりしたときに、集客や認知度向上にどれくらい影響したかが分かるようになります。

店や会社を知ったきっかけは、直接お客さんに聞くしかありません。そのための方法としては、例えば、簡単に答えられる選択式のアンケート用紙を作り、「当店を知ったきっかけは何ですか」と聞くことができます。回答欄には、「知人の紹介」「ウェブサイトを見た」「チラシを見た」などに加えて「看板を見た」を入れておきます。「看板を見た」に丸を付けた人の割合が、現時点での看板の集客効果です。

アンケートが難しい業態であれば、会話を通じて聞くことができます。「近所に住んでいるのですか?」「会社帰りですか?」といった雑談をしていくと、「前からどんな店か気になっていたので」「看板が目に入ったので来てみた」といった話が聞けます。アンケートほど正確な数値は取れませんが、どれくらいのお客さんが看板やファサードに引かれたかが把握できます。

店前にメニュー看板やセールの案内などを出している場合、「店の前の看板を見た」「安いなと思って来てみた」といった声も聞けます。そのような声を計測していくことで、現時点での看板効果が分かります。

小さな改善で効果を細かく検証

評価基準を作ると看板効果の現状が分かります。

現状を把握したら、２つ目のステップとして評価基準を踏まえた改善策を考えます。その際に押さえておきたいのはコストについてです。

看板にかかるコストは、製作や設置のためのイニシャルコストと、改善やメンテナンスのためのランニングコストに分けることができます。看板を出すことがゴールで、出したら終わり、と考えている店主や社長は、イニシャルコストだけに目を向け、ランニングコストを忘れていることがあります。

看板は、改善していかなければ効果が上がりませんし、改善のためには少なからずコストがかかります。そのことを念頭において、広告宣伝のための必要経費として、看板のランニングコストをしっかり確保することが大事です。

また、改善にかかるコストは看板のサイズと比例します。つまり、サイズが大きくなるほどコストがかかり、手間と時間もかかりますので負担が大きくなります。

改善の取り組みは必ずしもうまくいくとは限りません。集客アップを狙ってデザインを変えたところ、来店者数が減ったり、客単価が下がったりする可能性もあります。期待した効果が得られなかったときのことを考えると、改善は、まずはコスト負担を抑えながら、小さい看板で試すのがよいでしょう。例えば、懸垂幕、横断幕、のぼり旗、スタンド看板（片面・両面のA型看板）など中・小型看板や、POP、パネル、メニュー板など主に店内に設置する小型看板です。

このような看板は、コストを抑えながら改善できます。お金をかけずに変えることもできます。改善に使えるコストは限られていますので、ランニングコストを抑えながら、できるだけ細かく改善策を試すことが大事です。

設置場所を変えて反応の良し悪しを見る

改善方法は無限に考えられますが、大きく分けると以下のように整理できます。

1　向き、設置場所を変える

2　デザイン、コピーを変える
3　数を増やす、減らす
4　看板以外の広告手段と連動させる

どの方法が、どれくらいの効果を生むかは、やってみなければ分かりません。そのため、ここから先はトライ&エラーです。

評価基準を踏まえながら、変更前と変更後の効果を見て、集客や売上が伸びる方法を追求していきます。向き、設置場所は、店前のA型看板の向きを変える、店内のパネルの位置を変えるといったことです。どう変えたらよいか迷った場合は、お客さんの立場になり、お客さんの動線に立ってみてください。

例えば、駅から歩いてくる人を集客したいのであれば、実際に駅から歩いてみます。お客さんの目線で歩いてみることにより、看板がきちんと見えるかどうか分かりますし、正面に向けるより横に向けたほうが目に留まりやすい、といった気づきも得られます。

場所の良し悪しを検証する方法として、当社は過去に、問い合わせの電話番号が異なる看板をいくつか用意して、どの場所で、どれくらいの集客が見込めるか測定したことがあります。用意するのは、デザインやコピーが同じ数枚の看板です。ただし、問い合わせ先の電話番号は看板ごとに変えます。これらをいくつかの場所に設置し、どの番号宛に問い合わせが来たか測定することで、人の目に留まりやすい場所を見極めていくというわけです。看板からの問い合わせは、看板を設置する場所の良し悪しだけでなく、その場所を通る人の数、歩く人のスピード、他店の看板の数などに左右されます。

一方、看板を出すためにかかる費用は同じですので、問い合わせ数が稼げる場所を見極めることで看板設置の費用対効果を高めることができるのです。

ロードサイドの立て看板や野立て看板などは固定されているため、向きや設置場所が変えられません。そのため、現地で状態を確認して、きちんと見えるかどうか確認します。

ロードサイドの看板は、雑草が伸びたせいで見えなくなっていることがあります。看板は、お客さんに見てもらわなければ意味がありませんので、看板としての役割をきちんと果たせるようにメンテナンスすることが大事です。

ファサードの看板も同様です。電球が切れていたり、看板の前に障害物があって見えづらくなっていたりすることがありますので、きちんと確認し、メンテナンスします。

「まずやってみること」が大事

デザインやコピーは、さまざまな改善ができます。

居酒屋を例にすると、店前のA型看板に書いている「17時までビール190円」というコピーの色や大きさを細かく変えることができます。「17時まで」を目立たせる場合と「ビール190円」を目立たせる場合でも効果が異なることがあります。

コピーについては「17時までビール190円」を「本日のおすすめメニュー」に変更して、集客数や客単価の変化を検証してみることができます。

店内の看板の変更についても同様に、新たなPOPを作って置き換えてみたり、メニュー板のコピーやデザインを変えてみることができます。

デザインやコピーは個人の好みが反映されやすいため、変更案について店内スタッフや社内の担当者内で意見が分かれることもあるかもしれません。自分のなかでどんなふうに変更すればよいか迷うこともあります。そのような場合は、「どちらが良いだろうか」と迷ったり議論したりするより、試してみて効果を見るほうが早道です。改善効果を測定する評価基準のKPIさえきちんと取っていれば、どの変更が効果的か数値で確認することができます。

変更したら、その効果が現れるまで一定期間はそのままにしておく必要がありますが、試したい案は次々に試します。この取り組みを細かく積み重ねることが看板改善のPDCAであり、試行回数が増えるほど集客や認知度向上といった効果も出やすくなります。

「何を伝えるか」がブレないように注意

デザインとコピーは、店や会社の雰囲気とイメージに影響します。

また、看板は店や会社がお客さんに「安い」「高品質」「おいしい」「安心できる」といったメッセージを伝えるという意味では、コミュニケーションの手段ともいえます。そのため、デザインやコピーを変えることにより、イメージやメッセージが伝わりにくくなることもあります。

あるマッサージ店の例で、価格を目立たせて安さを全面的にアピールしていた看板を、おしゃれなデザインの看板に変えたケースがありました。価格を小さくして、マッサージの技術があることや、居心地のよい店であることをアピールしようとしたのです。

結果、お客さんが減りました。これはまさに、お客さんにメッセージが伝わりづらくなったケースです。

安価な店を求める人には「価格」が刺さります。おしゃれで居心地がよい店を求める人もいるでしょうが、それよりも大事なのは安いかどうかで、安さが伝わらなければ看板を見て「行ってみよう」と思う人も減ります。

このような失敗を避けるためには、集客したいターゲット層を踏まえておくことが重要です。集客や認知度向上を狙って試行錯誤することは大事ですが、「誰に見てほしいのか」「何を伝えるのか」という視点がブレると、改善のためのデザインやコピーの変更が改悪になってしまうのです。

ちなみにこのマッサージ店は、おしゃれな看板では看板の効果が悪くなると気がついて、元の価格を目立たせる看板に戻しました。結果、来店客数も元に戻りました。

デザインやコピーの変更案を試していく過程では、効果が出なかったり、成果が悪くなったりすることもあります。デザインやコピーは、基本となるセオリーはありますが、「これで効果が出る」と断言できる正解はありませんので、改悪になることは珍しくありません。そのようなときは、元に戻すか、別の案を考えます。

その際に重要なのは、改悪になったパターンを記録して、学習していくことです。お客さんに刺さらないNGデザインやNGワードを理解し、それらを避けられるようになれば、結果として、お客さんに刺さりやすい看板に改善することができます。

不要な看板は減らす

看板の数の増減は、増やすパターンとして、店内で商品をおすすめするPOPを増やしたり、店前に新たなのぼり旗を置くといったことです。

POPを増やした結果、POPを読む人が増えたり、売上が増えるといった良い変化が見られたら、そのPOPを常設にして、より良いデザインやコピーの改善案を考えます。

逆に、新たにPOPなどを追加しても売上などが増えなかったとしたら、そのPOPは追加する必要がないといえます。

看板を減らすパターンは、効果が薄い看板を撤去する、別の場所に移動するといったことです。例えば、店前にぶら下げている懸垂幕を撤去してみます。それでもお客さんが減らなかったとすれば、懸垂幕は不要と判断でき、減らすことができます。

不要なものを減らせば、看板にかかるメンテナンスのコストや手間が省けます。店内看板も同様に、ＰＯＰやパネルなどを増やして活気ある雰囲気をつくることもできますが、それらが売上などに結び付いていないのであれば、減らすことによって店内をスッキリ見せるほうがよいかもしれません。

店から少し離れた場所で、店への誘導看板などを複数設置している場合も、それぞれの看板の効果を個別に比べることで、不要な看板をあぶり出すことができます。集客効果が低い看板を突き止めれば、減らしたり、別の場所に移したりすることによって集客効果を高めることができるのです。

そのための方法としては、効果が薄そうな看板に目星を付けて、一定期間撤去します。撤去しても集客数に変化がなければ、もともとその看板は設置場所が悪く、お客さんの目に留まっていなかったか、見られていたとしても集客効果が小さかったということです。

そのような看板を減らし、効果がある看板を残していくことで、看板マーケティングにかけるコスト、手間、時間を効率よく使えるようになります。または、場所が悪かったのであれば別の場所に移したり、目立つデザインやお客さんに刺さるコピーに変えたりして集客効果を高める改善案を考えることもできます。

ウェブとの連動で動線を増やす

看板は、看板単体でも集客や認知度向上の効果を生みますが、看板以外の広告手段と連動させることで、その効果をさらに大きくすることが可能です。

例えば、自社ホームページとの連動です。今はインターネットを当たり前に使う時代です。かつ、スマホがあればなんでもできる時代です。飲食店であれば事前にウェブサイトで店の雰囲気やメニューなどを確認する人や、ウェブ予約をする人も増えています。物販であれば、店頭ではなくオンラインで買う人もいます。

そのような環境を考えると、看板で周知して、店や会社に誘導するだけではなく、自社ホームページや予約サイトに誘導する動線を作ることも重要な集客戦略といえます。

そのためには、看板にＵＲＬを書く必要があります。ＱＲコードでウェブサイトに直接アクセスできるようにすることもできます。

言い換えると、看板にＵＲＬやＱＲコードを載せるだけで、集客や売上向上に結び付ける新たな動線が作れるということです。従来は、看板で電話番号を周知し、問い合わせを受ける動線しかありませんでしたが、そこに新たに、ウェブサイト経由で問い合わせを受けるという動線が増えます。

このような動線を作るかどうかは、誰をターゲットとしているのか、また、そのターゲットにどう行動してほしいかによります。ターゲットが若い層であれば、スマホのヘビーユーザーである可能性が高く、ウェブサイトへの誘導は大きな効果が見込めます。

自社ホームページの内容が充実していたり、予約や物販の機能ができている場合も、ターゲットをウェブサイトに誘導したほうが接客の負荷を抑えられますし、効率よく売上を増やすことができます。

インターネット関連では、集客戦略としてＳＮＳを使う場合も、看板でアカウントを周知することができます。看板はアナログな集客手段ですので、来店した人や購入した人にアンケートなどを行わない限り個人情報は取れません。リピート利用を促したくても、相手の情報が分からないため追い掛けることができません。つまり、店を記憶してもらうか、再び看板を見て思い出してもらうしか方法はなく、店や会社側からアプローチするのが難しいのです。

その点、ＳＮＳはデジタルですから、お客さんと密につながることができます。広告媒体の使い分けを意識することによって、ツイッターやインスタグラムのアカウントを登録してもらったり、YouTubeチャンネルに登録してもらい、リピート利用を促す情報を発信することができます。個人情報がデータとして増えることにより、宣伝効果を数値化して、正確に把握できるようになります。

イベントやチラシなどとの連動も検討

看板以外と組み合わせるその他の例としては、イベントなどを開催するときに、看板で案内することによって集客することができます。

例えば、年末や決算の売り出しや周年のセールなどはそれ自体に集客効果があります。ただ、セールを行っていることを周知することにより、より多くのお客さんを呼び込むことができます。チラシやパンフレットとの組み合わせでは、スタンド看板にチラシなどを収納する小箱（チラシケースやリーフレットスタンドなどといいます）を付けることができます。

看板は基本的には会社の存在を周知するためのものですので、店名、業種、場所などの基本情報を知らせる機能は優れていますが、店、会社、商品、サービスの詳細を伝えるのには不向きです。詳細を伝えようとするほど文字が小さくなり、看板が目立たなくなり、目に留まりにくくなるからです。

しかし、チラシやパンフレットを配れば、より深い情報を伝えることができます。チラシケースは数千円で購入できますので、チラシ配りのアルバイトを雇うよりも圧倒的に安く収まります。テレビやラジオでＣＭを流しているなら、それを看板で宣伝するのも有効な方法です。自社商品や店内で販売中の商品がテレビで紹介された場合も、そのことをＰＯＰなどで宣伝することによって興味をもつ人を増やすことができます。

インターネットが普及したことによってテレビはオールドメディアになり、影響力が低下していますが、それでもまだ「テレビＣＭ放映中」や「テレビで紹介されました」といったコピーは道行く人たちの興味を引く強いものです。

テレビやラジオのＣＭを通じて「面白そうな店だな」と思っている人がいるかもしれません。テレビ番組で紹介された商品を見て「見掛けたら買ってみよう」と思っている人もいます。看板は、そういう人たちの潜在的なニーズを、来店や購入といった行動に結び付けることができるのです。

看板戦略の責任者になる

改善方法はいくつもありますので、効果が見込めそうな案が浮かんだら、臆することなく挑戦してください。小さな改善であればコストなどの負担も小さく収まりますので、いろいろと試しながら効果を見ることができます。改善に終わりはありませんので、思い付いたことを試し、効果を検証し、次の案を試すといったＰＤＣＡサイクルを回し続けていくことが重要です。

何から試せばよいか迷ったり、改善案に悩んだ場合は、多少コストがかかりますが、マーケティングや店舗運営などに詳しいコンサルタントにアドバイスをもらう方法もあります。マーケティングや広告には学問的な基本があり、トレンドもあります。もしかしたら自社の看板はマーケティングの基本を外しているかもしれません。ＳＮＳなど新しい集客を行う際に、外してはいけないポイントを外してしまうこともあります。そのような点についてプロ視点の指摘を受けられるのがコンサルタントを使う大きなメリットです。

看板活用のアドバイスは、広告代理店や看板屋からもらうこともできます。ただ、広告代理店は広告分野のプロです。看板やそれ以外の広告手段を組み合わせる方法などについて教えてくれるでしょうが、店舗運営のプロではありません。ターゲット層に刺さるかどうか、店や会社として何を伝えるのがよいかといったことを判断するのは難しいでしょうし、「もっと広告を出しましょう」で終わってしまうこともあります。

看板屋についても同様に、看板の作り方や面白い看板の案などは出せますが、店舗運営について専門的なアドバイスはできません。そのため、彼らからアドバイスなどをもらうのであれば、自分自身がコンサルタント役となって、自分の店に効果がある改善方法を、店舗運営を分かっている人の立場で取捨選択する必要があります。

理想的なのは、お金を払ってコンサルタントを使わなくても、店や会社の「なかの人」が看板活用の責任者となって、戦略を考えることです。

集客したいターゲット層を明確に把握し、伝えたいメッセージを絞り込めるのは、店や会社について最もよく知っている店主、社長、マーケティング担当者、従業員です。店や会社の「なかの人」だからこそ、自分ごととして真剣に試行錯誤できますし、自分たちで考え、取り組んでいくことにより、看板活用のスキルも上達していくはずです。

街歩きでヒントを得る

改善案を考える一つの方法として、看板活用がうまい会社や流行っている店などを参考にすることもできます。日々の行動はどうしても習慣化されます。自宅から駅まで歩く間の風景も、電車の中から眺める風景も、意識しなければ「いつもの風景」で終わってしまいます。

しかし、そのような日常のなかでも、ふと目に飛び込んでくる看板があるものです。なんとなく社名が記憶に残っていたり、「あの店、面白そうだな」「行ってみたいな」と思うきっかけになる看板もあります。それが、良い看板です。どこが違い、何が書いてあり、なぜ自分の目に飛び込んできたのか考えることで、看板活用に使えるコツやヒントが見つかります。

また、街中には数百もの看板があります。数時間出歩くだけで、何百もの看板を目にします。それらを意識して見ることで、さらなるヒントが見つかることもあるでしょう。

「いい看板とはどんな看板か」という意識をもつことにより、歩き慣れた道の風景が変わるのです。

流行っている店も、飲食店であれば味が良いとか、小売店であれば安いといった理由が考えられますが、看板活用や広告の方法に流行る理由があるかもしれません。そのようなヒントを探しに、街に立ち、出歩くことも重要です。休日や時間があるときには、あまり通ることがない道をぶらぶらしてみるのもヒントを見つける良い方法です。

街に立てば、どこで、どれくらいの人が、どの看板に注目しているか観察できます。看板に注目して出歩いてみれば、参考になるヒントが見つかるだけでなく、メンテナンスされていない看板がどれくらい汚れて見えるか、錆びたり欠けたりしている看板がどんな印象を与えるかといった悪い点についても分かるようになります。改善の必要性やメンテナンスの重要性を実感する意味でも、街中の看板観察は大事ですし、今日からできる有効な勉強方法です。

第７章

看板の活用法は千差万別！売上アップに成功した７つの看板事例

看板活用にはポイントがある

街を歩いていると、看板屋の目から見て「これは優秀だ」と感心する看板を見掛けます。一つひとつ、長所があり、工夫がありますが、実は優秀な看板には共通しているポイントもあります。

この章では看板のうまい活用例という視点で、売上アップや集客数増加につながる看板活用のポイントを挙げていきます。

1．ファサードは大きく

店舗のファサード看板は、コンビニエンスストアが教科書的なお手本です。ファサードは、遠くからでも認知でき、「ここに店がある」と周知する役目をもちます。そのためには、看板はできるだけ大きいほうがよく、目立つほうがよいといえます。

コンビニのファサードを見てみると、例えば、ビルの一階にあるコンビニは、隣接する店との境目までファサード看板を広げています。単独店舗は、道路に面した壁の上部を囲むようにしてファサード看板を広げています。ファミリーマート、ローソン、セブンイレブン（セブン&アイホールディングス）のロゴは入り口のドアの上にしかありません。利用者が立っている場所によっては見えないこともあります。

しかし、各店舗のイメージカラーのラインを目一杯広げているため、遠くからでも「あそこにファミマがある」と分かります。このアピールが重要で、これは存在感をアピールしたい個人商店も取り入れたいファサード看板の基本です。

また、ファサード看板を目一杯広げると、店が大きく見えます。これもファサード看板では重要なポイントで、あえてこぢんまりした、隠れ家的な店を演出する場合は別ですが、坪数が小さい店などはファサード看板をギリギリまで広げることにより、店を大きく見せることができます。つまり存在感を大きくできるということです。

コンビニは看板戦略のトップランナー

店舗の看板戦略を練る人にとって、コンビニの看板は参考になるポイントがたくさんあります。店舗の店主やマーケティング担当者は必ず見ておく必要がありますし、チェーン展開している会社もコンビニの看板から学べることは多いはずです。

なぜコンビニの看板が参考になるかというと、コンビニ各社がマーケティングに力を入れ、お金をかけて「ああでもない、こうでもない」と看板戦略を練っているからです。また、店舗数が多いため、効果や反応のデータがたくさん取得できます。「コロッケ」と書いたのぼり旗を並べるのと、レジ横に「コロッケお買い得」と書いたＰＯＰを置くのとではどちらの効果が高いかといったことを、販売データを基に分析できます。このような分析を積み重ねることで、より効果が高い看板を取捨選択し、看板戦略の質が高くなります。つまり、店舗経営の看板戦略として、コンビニの看板は完成度が高く、参考にできる点が至るところにあるというわけです。

余談ですが、コンビニは出店場所の選定にもお金を投じています。人や車の流れ、周囲に住んでいる人や働いている人の数、競合の出店状況などを分析したうえで出店場所を決めます。つまり、コンビニが立つ場所は、立地条件の面で集客しやすく繁盛しやすい場所といえるため、コンビニ跡地を狙って出店する店もあります。ロードサイドでは、コインランドリーやドラッグストア、駅前では携帯ショップなどがコンビニ跡地に出店しています。

2. 動きで人の目を引く

人の目は動くものに反応しやすいという特徴があります。視界の端で何かが動くと、その動きに反応して、つい目を向けてしまいます。この特徴は看板にも活かせます。動きをつくり出すことにより、道行く人の注目を集めることができるからです。

その好例がスポーツジムです。スポーツジムは、建物の2階がガラス張りになっていることが多く、外向きにランニングマシンやエアロバイクなどを並べています。これは、運動する人にとっては、外を見ながら開放的な気分でトレーニングできるという効果があります。一方、建物の前を通る人から見ると、運動している人の動きが目に留まりやすくなり、スポーツジムの存在を認識しやすくなります。つまり、スポーツジムは、運動している会員と、その様子が見えるガラス窓全体を看板として活用しているということです。

路上と2階は距離がありますので、誰が、どんな運動しているかまでは分かりません。ただ、動いていることは分かります。「トレーニングしている人がいるなあ」「結構、人がいるんだなあ」と思ってもらうことで、活気があるジムという印象も与えることができます。また、ガラス張りにすると、周りが暗くなった時に室内の明かりが外に漏れます。そのため、夕方以降は目立ちやすくなり、存在を周知する効果が大きくなります。

店頭に並べるのぼり旗も、動きで人の目を引く一例です。のぼり旗が風に揺れることで、近くを通り掛かった人は、その動きに反応し、のぼり旗に注目します。のぼり旗の数が多いほど、それらが一斉に動くことによって活気がある店という印象を与えます。集客ではありませんが、工事現場でよく見られる旗振り人形の看板も、動きによって注目を集め、注意喚起している例です。

3．1秒で分からせる

同じスポーツジムの業態ですが、カーブスはガラスを覆って中が見えないようにしています。カーブスは女性専用で、女性は運動している姿を見られたくないと思う人が多いため、会員の安心感を高める工夫としてカーブスは外から中が見えないようにしています。窓を覆っているため、他のスポーツクラブのように動きで注目を集めることはできません。しかし、カーブスは別の効果的な方法で店の存在や業態を周知しています。

その方法は、店頭に大きく掲げた「女性だけの30分健康体操」というコピーです。このコピーを大々的、かつ前面に打ち出すことで、カーブスがスポーツクラブであり、女性専用であることも分かります。初見の人は、Curvesやカーブスという施設名より、「女性だけの30分健康体操」が印象に残るでしょう。

ポイントは、業態や特徴が一瞬で分かることです。看板のコピーは、「何屋なのか」「何ができるのか」を伝える役割をもちます。その点で、カーブスの看板は優秀ですし、お手本となる看板といえます。

「何屋」で「何ができるのか」を一瞬で伝えるその他の看板例として、「30分２９８０円」などと大きく掲げているマッサージ店があります。「うどん」「ラーメン」「焼肉」など業態を前面に掲げている看板もこのタイプで、１秒で特徴が伝わる優秀な看板といえます。

コピーではなくデザインで分からせる優秀作品は、かに道楽のかにです。かにの大看板を見て、うなぎの店だと思う人はいないはずです。看板は、情報量が増えるほど一つひとつの情報が伝わりづらくなります。何を伝えたいかを厳選し、絞り込むことが重要で、それを実現しているのが、カーブスやかに道楽の看板ということです。

必要な情報を絞り込むことが大事

コピーを絞り込むということは、必要な情報を整理するということです。

これはファサードや店内のレイアウトなどでも重要なポイントで、必要なものを残し、不要なものを撤去することにより、伝えたいことや見せたいものが引き立ちやすくなります。

ファサードを例にすると、入り口に植木鉢をたくさん並べている美容院や喫茶店を見掛けることがあります。地方や住宅街の個人経営の店でよくあるケースです。店主としては、華やかな雰囲気を演出したいと考えるのでしょうが、これはたいてい逆効果です。植木鉢が増えることによって店前がごちゃごちゃし、整理整頓できていない店という印象を与えます。手入れが行き届かず、花が枯れたりすることによって、華やかさとは真逆のみすぼらしい見た目にもなります。

看板に限らず、モノは一つひとつが情報を発信します。花を置けば、お客さんは「花が好きな店主なのだな」と思います。そのため、何かモノを置くのであれば、そのモノがお客さんにどんなメッセージを発信するか考える必要があります。つまり「花が好きな店主」という情報を、わざわざ発信する必要があるなら花を置くのがよいでしょうし、発信する必要がないなら、花を置く必要もないということです。

また、「花が好きな店主」と伝えたい場合も、その情報がどれくらい重要かを考える必要があります。店頭のスタンド看板でおすすめメニューを伝える場合、看板が「これがおすすめです」と情報発信します。お客さんに伝える情報の優先順位としては、「花が好きな店主」であることより「おすすめメニュー」のほうが高いはずです。おすすめメニューをより伝えやすくするのであれば、優先順位が低いその他の情報はなくしたほうが得策です。「花が好きな店主」であるという情報や、その情報を発信する花そのものをなくすことにより、伝えたいことを絞り込み、伝えやすくするのです。

逆に、伝えたいことを伝えるために必要なものであれば、店頭や店内にたくさん並べるのがよいでしょう。例えば、安売り店の店頭はセール品が雑然と並べられています。ドラッグストアなどではセール品を無造作に積んでワゴンセールをしていたり、商店街の洋服屋などでは安売りの洋服をハンガーにかけて店前に出したりしています。これらはファサードがごちゃごちゃして見える要因ですが、必要か不要かという視点で考えると、必要です。なぜなら、セール品を並べることにより、「この店は安いです」という最も重要な情報が伝わりやすくなるからです。

店内についても、例えば、ドン・キホーテやヴィレッジヴァンガードの店内はごちゃごちゃしています。これも整理整頓されていない印象を与えますが、「あらゆるものがそろっている」「面白いもの、変わったものを売っている」といった重要な情報が伝わりやすくなるため、このタイプの店にとっては、店内が雑然としていることが重要なのです。

4．時間に応じて使い分ける

スタンド看板など移動可能な看板は、その日、その時間帯に応じて伝えたい内容を書き換えられるのがメリットです。これは据え置き型の看板（ポール看板やファサード看板など）にはない長所で、集客では、この特徴を活かすことが重要です。

例えば、繁華街の居酒屋では、メニューを書いたスタンド看板を店前に置いている店がたくさんあります。これは、店の売りや特徴を伝えるという点で重要な使い方ですが、1日中置きっぱなしにしておくのであれば据え置き看板と変わらず、伝える内容を変更できるというスタンド看板の特徴を活かしきれていません。

一方、繁盛している店を見ると、営業時間中に1、2回内容を変えて集客しています。

コロナ禍以前の例ですが、開店から21時くらいまでは通常の料理のメニューを見せて集客し、21時から閉店までは二軒目で寄っていく人や、仕事帰りにちょっとだけ飲んで帰る人をターゲットにして、安く、軽く飲める晩酌セットのメニューを出すといったケースです。

開店時間が早い店では、「17時までハッピーアワー」といった看板を出して、早く飲み始める人を集客しているケースもあります。このような使い方をすることで、早く飲み始める人、仕事終了後に飲み始める人、軽く飲んで帰る人などを集客でき、お客さんを3回転させているのです。喫茶店も同様に、朝はモーニングセット、昼はランチセット、午後はケーキセットといった具合にスタンド看板の内容を変えている店があります。

ポイントは、同じ場所であっても時間帯が変わることによって、店前を通るお客さんの属性やニーズが変わるということ。そして、看板内容をニーズに合わせることにより、お客さんに刺さりやすくなり、集客数も売上も増やしやすくなるということです。いきなり大きな看板を設置したり、看板の数をこれ以上増やしたりすることが難しい場合はまずこの方法をおすすめします。

5. デジタル化を先取り

時間によって宣伝する内容を変えたり、その時々のキャンペーンやイベント情報などを伝える方法として、デジタルサイネージの活用も集客数や売上増加につながります。デジタルサイネージはデジタル看板という意味の言葉です。デジタルサイネージは、繁華街にある大型ＬＥＤビジョンなどを思い浮かべる人が多いかもしれませんが、最近は店前や店内で使える小型のものが増え、スタンド看板と同じくらいのサイズであれば10万円くらい、据え付け型の大きめのものでも50万円くらいで購入できるようになりました。

デジタルサイネージは、大きく３つのタイプに分けられます。

１つ目は、スタンドアローン型で、あらかじめ作成した画像や動画を映す看板です。モニターに映すデータはＵＳＢなどを差し替えることによって変えることができます。仕組みとしては、スタンド看板の手書きする部分をデジタル化したシンプルな看板ですが、最大の特徴として、動画を流すことができます。そのため、動くものに反応する人の目の特性を踏まえて、より多くの人の注目を集めることができます。

2つ目は、ネットワーク型です。これはモニター機能はスタンドアローン型と同じですが、ネットワーク接続しているため、パソコン、タブレット、スマートフォンで表示する画像や動画を変更することができます。

3つ目は、インタラクティブ型と呼ばれるものです。インタラクティブは双方向という意味の言葉で、スタンドアローン型とネットワーク型が、店や会社からお客さんに向けた一方通行の情報発信であるのに対して、インタラクティブ型はお客さん側でも操作ができます。例えば、タッチパネル式のモニターで、お客さんが必要な情報を探したり、予約を入れたりするといったことができます。また、モニターにカメラを内蔵することにより、看板の前に立つお客さんの見た目の情報から性別や年齢などを推察し、属性に合わせたおすすめ商品を表示したり、看板前のお客さんが歩いているときと止まっているときで表示する画像を自動で切り替えるといったこともできます。

現状はまだ導入事例が少ないのですが、今後、さらに価格は下がります。私の会社の設置事例を見ても、導入費用は4、5年前の半額以下になっています。精度の面でも、設置環境が厳しい屋外型は、数年前まで年に1度や2度故障するのが当たり前でしたが、今は故障しにくい商品が増えています。このような変化も導入の追い風になるはずです。

経営課題の解決にもつながる

あらゆるものがデジタル化している世の中で、看板だけがずっとアナログにとどまることはあり得ません。実際、コロナ禍の影響で近距離での接客、呼び込み、実演販売などが難しくなり、それら業務をデジタルサイネージで対応する会社がありますし、その数も今後、増えていくことが想定されます。デジタルサイネージは動きと音が出せるという点でアナログの看板より人間に近く、インタラクティブ型ならコミュニケーションもできるため、単に売上を伸ばすだけでなく、中小企業の人手不足解消や人件費の抑制といった経営課題の解決にもつながります。

このような状況を考えると、看板活用で競合の一歩先を行くのであれば、デジタルサイネージの導入も積極的に検討するのがよいといえます。特に今後は、ファサードや店内POPなど店に近い位置の看板を中心に、動画で宣伝する時代に向かいます。絵や文字のみで伝えるより、動画のほうが店や商品などの特徴を詳細に伝えられますし、お客さんに訴え掛ける力も強いからです。そうなると、デザインやコピーの力のほかに魅力ある動画コンテンツを作る力が重要になります。

この力はYouTubeやTikTok向けのコンテンツを作るのと同じで、バズるためのコツが重要ですし、一朝一夕では身につきません。だからこそ、経験を増やすという意味で先駆けて始めることが重要ですし、経験の積み重ねが数年後に動画看板のノウハウとして店や会社の無形の力になります。

また、ファサード看板など据え付け型の看板は、改善したいと思ったときにコストや手間の負担がかかります。その点、デジタルサイネージはいつでも自由に画像が変えられます。変更するためのコストや手間もほとんどかかりません。据え付け型看板の将来的なメンテナンスを考える場合も、デジタルサイネージは先行投資の一種になり、中長期で負荷軽減につながる可能性が見込めます。

「そろそろ古い看板を付け替えようかな」と思っている場合は、その際の選択肢としてデジタルサイネージを検討してみることができます。

6. 目立ったもの勝ち

店舗経営では、集客や認知度向上のために視認性が高い看板を作ることが重要です。いくらデザインやコピーがすばらしくても、見てくれる人がいなければ看板の役割は果たしません。まずは目立つことが重要で、目立つためには、派手さ、個性、大きさがポイントになります。

一方、B to B事業の会社は一般消費者に向けて社名をアピールする必要性が低く、周知しても直接的な売上には結び付きません。しかし、社名を周知することによって地域に会社の存在が浸透します。会社が知られれば採用活動もやりやすくなります。そのような効果を考えると、B to B事業の会社にとっても目立つ看板を作ることは経営戦略上の大事なポイントといえます。

問題は、大きな看板を作るためにはコストがかかるということです。看板が大きいほど設置場所が必要ですし、製作費用と場所代がかかります。また、土地がない都市部ではそもそも大きな看板が出せません。

そこで参考にしたいのが、三浜紙器というダンボールメーカーの看板です。

この会社は本社全体を段ボールの箱に見立てて、ビル全体でダンボールメーカーであることをアピールしています。通常、社名が入った看板はビルの入り口などに取り付けますが、この会社はビルそのものを看板にして、看板設置のコストをかけることなく、とてつもなく大きな看板を作っているわけです。

この方法であれば広い土地は不要です。また、看板化する前の三浜紙器本社は築年数が経っていて、看板化は外壁と屋根の工事を兼ねているため、看板の制作費単体で見てもコストを抑えていいます。また、アイディアとデザインも看板として非常に優秀です。

この事例から学べるのは、あらゆるものが看板化できるということです。巷《ちまた》では、社名などを貼り付けた車が走っています。これも認知度向上の効果を生むという点で看板の一種です。車体に広告をラッピングしているラッピングバスやラッピング電車も広告宣伝のための看板ととらえられますし、選挙カーも看板カーです。インパクトがあれば話題になり、注目されます。昨今はインスタ映えが大事ですから、注目されることによって店名や社名が急速に広まる可能性もあります。

ちなみにこの看板は私の知り合いである名古屋市のイチゴスタジオ株式会社がデザインしたもので、グッドデザイン賞のほか、ＳＤＡ賞（サインデザイン）、ＤＳＡ賞（空間デザイン）、ＪＣＤアワード（建築デザイン）などを受賞しています。

7. 基本は外さない

看板は、アイディア次第でいくらでも面白いものが作れます。奇抜なもの、インパクトのあるもの、通行人が思わず二度見してしまうようなものができれば、人の注目を集めるという点では優秀な看板といえます。売上も集客数も増えるはずです。

一方、あえてオーソドックスに、基本を外さないほうがよい看板もあります。それは、案内のための看板です。トイレ、駐車場、フロアマップ、レジの位置などを知らせる案内板や、禁煙、従業員専用、立ち入り禁止、転倒注意といったことを知らせる案内板がその一例です。

これら看板に求められる最大の要素は、施設を利用する人たちにとって分かりやすいことです。そのため、独自性を出すなどして分かりづらくなると、見た目はかっこよく、おしゃれな雰囲気になるかもしれませんが、不便に感じる人も増えます。

例えば、トイレの案内板は、一般的には男性用が青または黒、女性用が赤です。この色使いを逆にすると、ほとんどの人が混乱します。トイレは緊急で駆け込みたい人もいますので、１秒もかからないうちに男性用と女性用を見分けられるようにしておくことが大事です。最近はジェンダー論などがあって、男が青、女が赤といった色分けに反対する人もいますが、トイレの案内板については、多くの人が認識しやすい色を使うのがよいといえます。

立ち入り禁止、危険、転倒注意といったことを伝える案内板も、禁止事項については赤で目立たせるのが基本です。これらも色を変えることによって注意喚起する機能が低下します。

ちなみに、赤は他の色よりも波長が長いため、遠くからでも見えやすいという特徴があります。危険を知らせる色として赤を使うのも、より多くの人に、より遠くまで周知するためで、信号の止まれが赤である理由もここに由来します。

駐車場の案内看板は青地に白文字でＰと書くのが基本です。これも、トイレの案内看板と同様に多くの人が色で覚えているため、色を変えると認知度が下がります。たまに緑地や黒地に白文字としている案内看板がありますが、認識できなかった利用者が駐車場を通り過ぎたり、そのせいで店や施設の評価が下がることがあります。

駐車場の看板については、道路沿いに立てる駐車場の案内看板の位置も重要です。例えば、左側に駐車場や駐車場の入り口がある場合、「ここが駐車場です」と知らせる案内看板は、入り口よりも奥に設定するのが基本です。

店や会社の誘導看板についても同じです。曲がる場所の手前で案内看板を出す場合は、「この先100m　左」といったコピーを付けるのがよいといえます。そのうえで、曲がり角に「ここを左」と示す案内看板を立てます。

細かいことですが、不特定多数の人が利用する店や施設は、ちょっとした分かりづらさが不満やストレスを生み、利用者の評価を下げます。案内板は案内するものなので、徹底的に分かりやすくすべきです。

第8章

正しく活用すれば、看板は最強の〝マーケター〟になる

正しく育てて財産にする

看板は改善を繰り返していくほど優秀な営業マンにも、最強のマーケターにもなる可能性があります。営業マンとしては、デザインやコピーを改善していくことにより、ひたすらにお客さんを呼び込んでくれます。マーケターとしては、例えばデジタル技術やデータを活用することにより、どんな人が、どの看板の、どの部分を、どれくらい見ていたか測定できます。看板からウェブやＳＮＳに誘導したり、看板の訴求力を高めることで、店や会社の知名度アップやブランディングに結び付けたりすることもできます。

ただし、そのような効果を生むためには、看板を正しく運用する必要があります。営業マンもマーケターも、正しく育成しなければ育ちません。看板も同じで、財産と呼べるくらい価値あるものに育てていくためには、外してはいけないポイントがあるのです。そのポイントは３つです。

1　コンプライアンスを守る

2　メンテナンスをする
3　コストをかける

大きい看板は工作物の申請が必要

コンプライアンスは、要するにルールを守って設置、運用するということです。ルールとしては、国のルールである法律、都道府県のルールである条例、そして看板を出す地域の独自ルールに分けられます。法律は、建築基準法や道路法が関係します。

まず看板本体の高さが4ｍを超える場合、その看板は建築基準法上の工作物となり、着工前に確認申請、工事完了後に完了検査が必要になります。主な対象となるのは、屋上看板、ポール看板、野立て看板、袖看板などです。本体の高さが4ｍ以上という条件ですので、袖看板のサイズが小さくても、据え付ける場所の高さが4ｍ以上であれば申請が必要です。これに違反すると、建築主が1年以下の懲役または100万円以下の罰金となります。

道路法は国土交通省が所管する法律で、歩道や道路の使用などについての決まりを定めています。

看板については、例えば、袖看板やテント看板は歩道や車道に突き出します。これは歩道や車道の上空を占用することになるため、占用許可申請が必要です。

また、突き出す幅には制限があり、一例として東京都の場合、歩道に突き出す場合は1・0m以内で、路面からの高さは3・5m以上、車道に突き出す場合は路面からの高さを4・5m以上にするといったことが決まっています。

条例による制限は地域によって異なる

屋外広告物条例によって看板を出せる場所と出せない場所や、禁止されている看板などが決まっています。例えば公園、病院、図書館、河川の堤防などは許可なく看板を出すことができません。また、橋、信号機、ガードレール、郵便ポストなどには看板を立てかけたりすることができません。

面積についても規定があります。東京を例にすると、商業地域で10平米以上の面積がある看板を出すためには、屋外広告物申請が必要です。また、建物の外壁に看板を出す場合、一つの壁面で出せる屋外広告物の面積は10分の3までと決まっています。そのため、壁面全体を看板にすることはできません。

条例についてよく知られているのは景観条例です。これは各地方自治体がまちづくりの一環としてつくっているもので、景観を守ったり観光需要を促進するといったことを目的に看板に一定の制限を設けています。

京都市や金沢市は制限が厳しいことでよく知られていますが、他の地域でも、安全確保の観点から空港の周りでは点滅する看板が禁止されていたり、迷彩柄が禁止されているケースがあります。

色については、色相、明度、彩度の3つを組み合わせたマンセル表色系によって制限するのが一般的です。色相は色合いのことで、赤、黄、緑、青など10種類に分けられています。日本の建築物や看板を含む工作物は暖色系が多いため、街全体として色の調和を保つために、青、緑、紫などの色相は制限されることがあります。

明度は明るさを表す0から10の数値で、数値が上がるほど白に近くなり、明るくなります。明度も、景観全体として突出して明るい部分などがないのが望ましく、そのため明る過ぎる工作物が制限されることがあります。

彩度は色の鮮やかさを表す0から14の数値です。黒、白、グレーは彩度0の無彩色、鮮やかなのは赤やオレンジで、彩度が14に近くなります。彩度が高いほど目立ちやすくなるため、看板制作では彩度が高い色が使われることが多いです。景観条例が厳しい街などでは彩度を抑える制限があるため、赤であれば彩度が低い茶色系などに変更する必要があります。

ちなみに、景観条例は色についての規定を思い浮かべる人が多いのですが、光の強さや音の大きさなどについての制限もあります。

ローカルルールにも注意

法律や条例は違反すると罰則が付くことがありますので、看板制作の業者ときちんと打ち合わせすることが重要です。

一方、看板に関するルールでは、店舗が入っているビルのルールや、商店街のルールなどもあります。ビルに関しては、表面のタイルが傷むなどの理由により、袖看板などが取り付けられない場合があります。また、取り付け可能であっても、看板の取り付け業者がビルのオーナーによって指定されていることがあります。

商店街では、店前に置くスタンド看板やのぼり旗が通行の邪魔になったり、通行人が怪我をする原因になるなどの理由で、商店街全体で禁止していることがあります。

これらはローカルルールですので、基本的には罰則や罰金がありません。ただ、物件を借りているテナントや商店街の一員として長く商売をしていくうえで、ルールを無視することはできません。看板活用を考える場合、このようなルールによって看板が出せないことがあるため、あらかじめ確認しておく必要があります。

ルール違反が命取りになる

当然のことですがルールは守らなければなりません。しかし、実は我々プロ目線で見ると、街中にはルールに違反している看板や、違反しているのではないかと疑わしく感じられる看板が存在しています。

法律や条例について深く理解していないことが理由かもしれません。あるいは、ルール違反であることを薄々感じつつ、「注意されなければ大丈夫」という感覚でいるのかもしれません。個人商店や中小企業の場合、内装などは真剣に考えますが、看板軽視の人も多く、その結果として看板に関するルールに無頓着になるケースがよく見られます。

法律や条例に違反すると、指摘を受けた看板を撤去することになります。ただ、強制撤去となることは珍しく、指摘後もそのまま放置されることもあります。そういう実態があることも、ルール違反の看板が存在している理由の一つです。看板を目立たせたい店主や社長の視点から見ると、「ばれなければいい」「多少のルール違反は大丈夫だろう」と考えてしまう気持ちも分からなくはありません。しかし、それは絶対にやってはいけません。

ルールには、ルールが作られた理由や背景があります。ルールで、破ったり無視することによって看板落下などの事故が起き、そのせいで誰かが怪我をしたり、最悪の事態として命を落としたりすると、店や会社が多額の賠償金を払うことになります。金額によっては店や会社の存続も難しくなってしまいます。

また、事故などが起きなかったとしても、昨今のようなネット全盛の時代では、SNSなどで情報が拡散されます。「あの店の看板は法律違反」「あの会社は景観条例を無視している」といった情報が大勢に知られることによって店や会社は社会的信用を失います。これも大きな経営リスクです。ルールを守っていれば避けられるリスクですので、まずはコンプライアンスを徹底遵守することが重要です。

ボロボロの看板が価値を低下させる

看板を財産にする2つ目のポイントは、正しくメンテナンスすることです。メンテナンスは、看板効果を高める改善のメンテナンスと、老朽化を防ぐためのメンテナンスがあります。

改善のメンテナンスは、売上や認知度向上のための投資です。看板活用に終わりはないため、工夫を重ねることによって効果は高め続けられますし、そのための費用としてランニングコストをかけることが重要です。

老朽化を防ぐためのメンテナンスは、落下事故などを防ぐことにつながります。しかし、ここでも個人商店や中小企業の場合は看板軽視の人が多く、数年間、あるいはそれ以上の期間にわたってメンテナンスしていない看板が存在しています。

また、看板が老朽化すると街が汚くなり、みすぼらしく見えます。ひと昔前の話で、札幌と新千歳空港を結ぶ道路沿いに、老朽化した看板がいくつも並んでいたときがありました。店、施設、会社などが設置した看板なのですが、所有者意識が薄く、メンテナンスする意識はさらに薄く、放置したままでも特にお咎《とが》めがなかったため、長いこと放置されたままになっていました。

その結果、空港経由で北海道に来る人たちが「北海道は汚い」と感じるようになりました。老朽化した看板群が、北海道のイメージを低下させることになったのです。

これらの看板は結局税金を使って撤去されることになりましたが、重要なのは、正しくメンテナンスされていない看板は、看板の持ち主だけでなく、街全体の価値も低下させるということです。

これは考えてみれば当然のことです。ボロボロの格好をした営業マンから何か買いたいと思う人はいません。看板も同じで、看板が汚ければ敬遠されます。街の価値が低下し、訪れる人が減り、街中の店や会社は売上が減ります。本来であれば、街を活気付け、たくさんの人を呼ぶ看板が、メンテナンスの意識が欠けることによってまったく逆の効果を生み出してしまうのです。

ファサードが汚い店はお客さんが来ない

地方自治体によって多少の差はありますが、工作物の扱いになる屋外の看板は、設置から2年または3年以内に点検を受けて、設置許可を更新することになっています。また、点検する業者についても、屋外看板を設置する業者では不十分で、屋外広告士や広告美術仕上げ技能士といった資格をもつ人と指定している自治体もあります。

点検の要件などは不定期に変更されることがありますので、すでに看板を設置している場合は情報を確認するようにしましょう。また、これから看板を設置する場合は、設置する看板の点検責任などについてあらかじめ把握しておくことが大事です。店前などに置く小型や中型の看板や、据え付け型のファサード看板や袖看板なども定期的なメンテナンスが必要です。

ロードサイドの看板と比べて、ファサード周りの看板はお客さんの目に触れる回数が多く、店の「顔」ともいえます。そう考えるとこれらの看板こそ日々の手入れが重要です。入り口が汚い店は、「中もきっと汚いだろう」と思われます。それだけで獲得できていたはずのお客さんや売上を逃してしまうことがあるのです。

小型看板は、電球などが切れたときだけ手入れするのではなく、毎日状態を確認したり、清掃する必要があります。袖看板など手が届かないものも、少なくとも2、3年に一度はメンテナンスをします。

特に野ざらしになる屋外の看板は、雨水によって錆びたり腐食したりする可能性があります。私が点検を請け負った看板の例でも、腐食が進んで落下寸前だった看板がいくつもあります。老朽化が進み過ぎているため、修理できず、撤去を提案した看板もありました。

仮に落下するなどして誰かに怪我を負わせると、看板の所有者である店や会社が損害賠償責任を負うことになります。金額の問題のみならず、社会的な信用も失うことになります。そのようなリスクを避けるためにも、定期的な点検とメンテナンスは不可欠です。すでに老朽化しているようであれば、この機会に古い看板をデジタルサイネージに変えるなどの施策も検討できます。

信頼できる看板業者を見つける

コンプライアンスとメンテナンスの問題は、実はあるポイントを押さえることで一気に解決できます。それは、良い業者に依頼することです。

実績やプロ意識がある看板業者は法律をきちんと理解しています。メンテナンスの重要性も分かっていますので、安心して保守を任せることができます。良い業者を見分けるのは難しいですが、ウェブサイトなどで探した情報を通じて良さそうな業者があれば、まずは気軽に問い合わせてみてください。どこで、どんな看板を作りたいか相談すれば、良い業者であれば親身になって相談に乗ってくれるでしょう。

また、現地確認に来てくれる、相談に乗るだけでなくアイデアを出してくれる。見積もりを嫌がらないといった点も良い看板業者の共通点です。細かいことですが、業者選びの段階で詳細な見積もりを依頼すると嫌がる業者がいることも事実ですし、そうなると確認と比較で時間がかかってしまいます。そのため、業者選定の段階では多くとも2パターンほどに抑えて、業者を選定したあとで、詳細な見積もりを出してもらうほうが効率的です。

見積もりに関する注意点として、見積もりの数量の項目を「一式」ばかりで出してくる業者は敬遠したほうがよいでしょう。というのも、これはリフォーム業界でもよくみられますが、「一式」で高く見積もり、大きく値引くことによって安く見せ、注文を取ろうとする業者がいるからです。

また、これは3つ目の「コストをかける」というポイントにも通じますが、金額だけで業者選びをするのは避けたほうがよいです。看板は「安かろう、悪かろう」がある業界です。金額を重視し過ぎると「なるべく安くしよう」と考えてしまい、安っぽい看板が出来上がります。安く収まったとしても集客や宣伝効果が得られなければ本末転倒です。

使い捨て感覚で、消耗品として使う看板なら安くてもよいかもしれませんが、ファサードや長く使う看板は、きちんと看板活用の戦略をもって、中長期的に効果が出る看板を作ることが大事です。そのためにも、依頼通りに安く作る看板業者ではなく、実績や知識豊富な業者を選ぶことが大事です。そのような業者を味方にすることで、看板は財産になり、いつでも相談できる業者そのものも心強い財産になります。

看板の役目は「稼ぐこと」

看板を財産にする3つ目のポイントは、きちんとコストをかけることです。

看板は、設置するためのコストや、古くなった看板を交換するためのコストがかかります（イニシャルコスト）。また、メンテナンスや改善にも多少のコストがかかります（ランニングコスト）。

店主や社長のなかには、そのコストが「もったいない」と感じる人もいます。老朽化した看板が放置されるのも、結局、「看板にお金をかけるのはもったいない」「チラシやウェブサイトに使いたい」と考える看板軽視の考えに原因があります。

しかし、きちんとお金をかけて作った看板は、製作や設置にかかったコストを回収します。正しくメンテナンスし、マーケティング視点で改善していくことにより、かかったコストの何倍ものリターンを生みます。

どんな営業マンも、教育や指導を受けることによって優秀な営業マンに成長していきます。マーケターも同様に、研修などを行い、そのためのお金を会社が投資するから、最強のマーケターになります。

看板も、稼げる看板に育てていくためには、手間、時間、お金がかかります。看板活用ではこの「コストをかける」意識が重要ですし、コストをかける店や会社が、看板活用で成長していくのです。店主や社長のなかには「儲かったら看板を付け替えよう」「のぼり旗を増やしたいけど、儲かってからにしよう」と考える人がいます。しかし、そこは逆に考えるべきです。

看板は「儲かったら」設置するものではありません。「儲けるため」に設置するものなのです。

おわりに

本書を最後までお読みいただき、誠にありがとうございます。

まだまだ書きたいことはたくさんありますが、ページ数に限りがありますので、私が看板制作の現場、協会での活動、志ある仲間たちと学んできたことのなかから、「これは絶対に伝えたい」と感じたことをこの一冊にまとめました。

本を書こうと決めた理由は、良い店、儲かる店、元気な会社が増えてほしいと思ったためです。会社は、1年以内に3割が潰れ、10年後には1割しか残らないといわれます。特に入れ替わりが激しいのが飲食業界で、2年以内に半分が閉店するといわれますし、コロナ禍が強烈な逆風になっています。

地元札幌が誇る繁華街のススキノを見ると、依然として活気がありません。バブル経済が弾けた90年代前半、灰色のシャッター街となった地方を見て回ったときの悲しい気持ちがよみがえってくるようです。

看板業者のなかには「店が潰れたほうが儲かる」と考えている人もいます。入れ替わりによって新たな看板制作の仕事が生まれるため、そのほうが売上になるという理屈です。

私は、そういう考え方には断固反対です。看板は作って終わりではありません。作るところがスタートで、そこから長期間にわたり、店や会社を宣伝し、お客さんを呼び続けるために存在していると信じているからです。

特に現代のようなサステナビリティ重視の時代では、「作って終わり」の事業モデルは求められませんし、今後はますます受け入れられなくなっていくでしょう。質が良くない看板を次々と作り出すのではなく、良質な看板をもち、きちんと育てていくことが、店や会社の持続的な成長につながり、看板業界の発展にもつながると考えます。

このような思いをもって、私の会社は現在、日本最北の北海道稚内から、南は沖縄県の宮古島まで多種多様な看板制作に携わっています。ホームページには掲載許可を得た看板の例を掲載していますが、ほかにも多数の事例があり、実は誰もが知るような有名なお店の看板も手掛けています。その経験を踏まえて、今日から使える看板戦略のノウハウをできる限り本書に詰め込んだつもりです。

ぜひ、本書の内容を活用し、成長と成功を実現してください。

越智一治（おち　かずはる）

1965年札幌市生まれ。有限会社オチスタジオ代表取締役。一般社団法人日本広告物施工管理協会（JACMA）代表理事。セミナー講師。

自動車メーカー勤務を経て、看板の文字書き職人であった父に弟子入り。あらゆる看板の文字を書きながら、工務店などで内装工事、外装工事を学ぶ。1997年に有限会社オチスタジオを設立し、2021年で設立24年目になる(創業からは56年)。マーケティングを踏まえた看板活用の提案、制作、設置、保守を強みにもち、北海道から沖縄県まで全国に顧客を広げている。

本書についての
ご意見・ご感想はコチラ

看板マーケティング戦略

2021年9月27日　第1刷発行

著　者　　越智一治
発行人　　久保田貴幸

発行元　　株式会社 幻冬舎メディアコンサルティング
〒151-0051　東京都渋谷区千駄ヶ谷4-9-7
電話　03-5411-6440（編集）

発売元　　株式会社 幻冬舎
〒151-0051　東京都渋谷区千駄ヶ谷4-9-7
電話　03-5411-6222（営業）

印刷・製本　瞬報社写真印刷株式会社
装　丁　　大庭早奈恵

検印廃止

Printed in Japan
ISBN 978-4-344-93660-7 C0034
幻冬舎メディアコンサルティングＨＰ
http://www.gentosha-mc.com/